张仲景

给孩子读的中国先贤故事

阳华 —— 著

远方出版社
·呼和浩特·

图书在版编目（CIP）数据

张仲景 / 阳华著. -- 呼和浩特：远方出版社，2024.9. --（给孩子读的中国先贤故事）. -- ISBN 978-7-5555-1997-3

Ⅰ．K826.2-49

中国国家版本馆CIP数据核字第20245J7S95号

张仲景
ZHANG ZHONGJING

著　　者	阳　华
责任编辑	蒙丽芳
封面设计	VIOLET
版式设计	曹　驰
出版发行	远方出版社
社　　址	呼和浩特市乌兰察布东路666号　邮编010010
电　　话	（0471）2236473总编室　2236460发行部
经　　销	新华书店
印　　刷	天津中印联印务有限公司
开　　本	880毫米×1230毫米　1/32
字　　数	109千
印　　张	6.25
版　　次	2024年9月第1版
印　　次	2025年1月第1次印刷
印　　数	1—5000册
标准书号	ISBN 978-7-5555-1997-3
定　　价	42.00元

如发现印装质量问题，请与出版社联系调换

出版说明

在这个瞬息万变的时代，我们享受着前所未有的便捷生活，却也不得不直面接踵而至的挑战与困难。世界仿佛一张错综复杂的大网，令人眼花缭乱。然而，无论时代如何变迁，每个人都无法回避一个根本问题：如何在有限的时空里，让生命绽放出有意义的光彩？对于青少年而言，正确认识这个问题并给出准确的答案显得尤为迫切，他们的人生刚刚起航，充满了无限可能，却也常常在迷茫与困惑中徘徊。

青少年时期，是塑造世界观、人生观和价值观的关键时期，每一次新的经历都如同为未来埋下的一粒种子，看似微不足道，却可能在岁月的滋养下成长为参天大树，也可能因土地贫瘠、养分不足而艰难成长。因此，为青少年提供怎样的精神养料绝非小事，它不仅关乎青少年的未来，更关乎国家和民族的命运，诚如梁启超先生所言："少年智则国智……少年强则国强……"

  当我们回溯五千多年的中华文明，不禁为其所蕴含的丰富宝藏而惊叹，那些闪耀着智慧光芒的中国先贤，宛如夜空中最璀璨的星辰，穿越时空的重重阻隔，为后人传递着无穷无尽的智慧与力量。

  孔子，这位伟大的思想家、教育家，一生周游列国，四处奔走，试图推行自己的政治主张，却屡屡受挫。然而，他始终秉持"知其不可而为之"的坚定信念，从不退缩。晚年，他呕心沥血，整理诗书，为中华民族留下了一部部皇皇巨著，成为后人取之不尽、用之不竭的文化源泉。孔子的一生是执着追求理想的一生，他的坚韧与担当为后人树立了光辉的榜样。

  霍去病，凭借卓越的军事才能和非凡的勇气，年仅十八岁便踏上抗击匈奴的征程，纵横沙场，连战连捷，立下赫赫战功。

  李白，以浪漫飘逸的诗风，傲然屹立于中国文学的巅峰。他自信豪迈，"仰天大笑出门去，我辈岂是蓬蒿人"，尽显他对自身才华的高度自信；他不拘小节，"天子呼来不上船，自称臣是酒中仙"，表现出他对权贵的不屑与傲视。

尽管仕途坎坷，但他始终坚守自我，以清新畅快的诗句描绘出一个奇幻瑰丽的文学世界，让后人领略到他那自由奔放的思想魅力。

除了孔子、霍去病、李白，中华历史长河中还有无数震古烁今的先贤：抱朴守真的老子，以其深邃的哲学思想为后人揭示了宇宙与人生的奥义；乐观旷达的苏轼，无论身处何种困境，始终保持豁达的心态，留下了一篇篇脍炙人口的佳作；千古才女李清照，以细腻的情感、卓越的才华在男性主导的文学世界中独树一帜。此外，商鞅、张衡、张仲景、李时珍、张居正、徐霞客等先贤，在各自的领域都取得了非凡的成就，为中华文明的发展作出了很大贡献。

这些先贤的人生轨迹各不相同，但是他们在人生的道路上都经历过坎坷与坦途、机遇与挑战、得意与失意。他们的故事，就像一面镜子，映照出我们每一个人的生活。

当代学者戴锦华说过："经由电影荧幕，望向他者。"这种对"他者"的关注，最终会引导我们回归自身，思考人生的意义。先贤们各具特色的个性、品质、才华和志向，为青少年提供了一个个参照系，让他们从中寻找"历史中的我"，进而思考"当下的我"。通过学习先贤的经验，青少年能够更好地规划自己的人生道路，这就是榜样的力量，也是历史传承的意义所在。孔子因崇敬周公，致力于推广周礼，著书立说，开创了儒家学派；司马迁因敬仰孔子，发愤图强，完成了被誉为"史家之绝唱，无韵之《离骚》"的《史记》。

"高山仰止，景行行止。"我们深信，中国先贤的故事和精神，将成为青少年成长道路上的宝贵财富。为了将中国先贤的形象更加鲜活地呈现在青少年面前，我们精心策划了这套"给孩子读的中国先贤故事"丛书。在编写过程中，我们始终坚持真实、有趣的原则，多方搜集资料，深入考证史实，力求还原先贤的真实面貌。同时，我们对语言文字进行了反复打磨、润色，使故事生动有趣，易于青少年理解和接受。

希望青少年朋友们通过阅读本丛书，以中国先贤为楷模，从他们的故事中汲取智慧与力量，在人生的道路上勇往直前，为实现中华民族伟大复兴的中国梦挥洒青春热血，用奋斗的汗水浇灌梦想之花！

护佑苍生的济世大医

在中华五千多年的历史长河中，涌现了许多医德高尚、医术高超的大医，张仲景便是其中的一位。

张仲景是东汉末年南阳郡（治所在今河南省南阳市）人，出生于一个没落的官宦家庭。他自幼聪敏好学，博学多才，自从阅读了战国名医扁鹊行医的故事后，便对医学产生了浓厚的兴趣，立下了"不为良相，当为良医"的远大志向，以悬壶济世、治病救人为己任。

10岁那年，张仲景拜同乡名医张伯祖为师，尽得其真传，少年时便声名远播。但他始终不骄不躁，"勤求古训，博采众方"，潜心攻读医学典籍，遍访天下名医，并深入民间，向百姓请教治疗技艺，从百姓中收集医学秘方。

付出终有回报，张仲景的努力使他的医学理论知识达到了一个极高的水平，治疗技艺更是炉火纯青。他医术高超，无论是常见疾病还是疑难杂症，都能手到病除；他既能博采各家之长，又能不拘一格，创制新方、创新用药。他创立灌肠术、人工呼吸法等新式治疗技术，为中医治疗技术的发展注入了活力。他首次提出辨证论治的中医思想体系，开创了中国医学史上辨证论治的先河。这一切为他赢得了"医圣"的美名，他也因此受到国内外医学家们的敬仰、推崇。

张仲景之所以能获得"医圣"的美名，不仅因为他拥有妙手回春的高超医术，还因为他拥有一颗体恤苍生的医者仁心。

东汉时期，各种瘟疫流行，其中伤寒病发生的次数最多，危害也最严重。瘟疫过后，十室九空，尸体枕藉。张仲景目睹人间惨象，内心深受震撼，决心遏制伤寒病肆虐，拯救百姓于水火之中。他不顾个人安危，深入疫区，全力救治伤寒病人，潜心研究伤寒病人的症状、伤寒病的发病机理、药物的配伍，最终研制出了治疗伤寒病的良方，为伤寒病人带来了福音。他还结合自己多年的临床经验及对伤寒病的研究心得，写成了一部中医药史上具有划时代意义的巨著《伤寒杂病论》，被后世之人誉为"众法之宗，群方之祖，医门之圣"。他用医者仁心捍卫百姓生命，护佑百姓健康，成为后世从医者的榜样。

张仲景的一生,是悬壶济世的一生,是治病救人的一生。他不仅是一位医术精湛、医德高尚的大医,更是一位富有智慧、心怀天下的圣人。他以自己的医术、医德、仁心、大爱,生动地诠释了"以人为本、生命至上"的价值理念,"传承精华、守正创新"的医学探索精神,在中华文明史上写下了浓墨重彩的一笔。

现在,让我们跟随济世大医、千古医圣张仲景的脚步,回溯他那光辉夺目、令人敬仰的一生!

目录

第一章 不为良相,当为良医 001

乱世稚童 003
立志行医 006
拜访何颙 009
拜师伯祖 012
蜜煎导方 015
巧治瘟疫 018

第二章 游历四方,博采众长 029

寻访吕广 031
"仙师"授术 034
襄阳学艺 038
冯老传技 043
隐士赠方 048
茅山奇遇 051
喜得奇书 055

第三章　采集百草，救死扶伤　065

采集百草　067

疗愈心病　071

孟津救童　075

湿席救婴　078

第四章　为官长沙，坐堂济民　085

投奔刘表　087

望眉断病　089

被举孝廉　092

长沙太守　095

坐堂行医　098

第五章　弃官归乡，悬壶济世　107

愤然辞官　109

驱魔斗鬼　111

逆风抗疫　114

见病知源　118

辨证施治　120

第六章　化育英才，传承大爱　127

喜收高徒　129

精心育徒　133

循循善诱　139

谆谆教诲　146

一字千金　152

第七章 隐居少室，著书惠世 159

  战胜伤寒病 161

  华佗之死 165

  隐居山林 168

  巨著初成 174

  神医辞世 179

附　录　张仲景生平简表 186

第一章

不为良相,当为良医

东汉末年，群雄并起，战乱不断，疫疾频发，百姓苦不堪言，医圣张仲景就诞生于这样的乱世之中。张家是官宦世家，少年张仲景本应顺应长辈的愿望，考取功名，入朝为官，但他无意仕途，志在悬壶济世。他在心中立下"进则救世，退则救民；不能为良相，亦当为良医"的宏愿，坚定地踏上了一条艰辛而又孤独的行医之路。

乱世稚童

东汉末年，皇权衰微，皇帝即位时大多还是幼童，大权落入宦官或外戚手中，他们争权夺利，互相残杀，致使朝政黑暗，天下动荡不安。当时疫病也频繁暴发，很多人死于非命，百姓们只能依靠村落结成堡垒，才能勉强生存。一代医圣张仲景便出生于这样恶劣的环境中。

东汉桓帝和平元年（150年）农历二月的一个傍晚，南阳郡涅阳县（今河南省邓州市穰东镇）张寨村响起了一阵清脆的婴儿啼哭声，引得一村子的狗都跟着吠叫起来，似乎也在为这个婴儿的诞生而庆贺。

在村子东北的一座深宅大院内，一个中年男子笑得合不拢嘴，正喜滋滋地看着襁褓中的男婴。只见男婴面孔圆润，眉眼清俊，粉嫩的小脸上还镶嵌着一对浅浅的酒窝。中年男子名叫张宗汉，年过四十又得一子，他怎能不高兴呢？张宗汉看着儿子，越看越喜欢，忍不住伸出手指轻轻地戳了戳儿子细嫩的脸颊，脸上荡漾着满意的笑容。

喜讯很快传遍了十里八乡，亲友们纷纷来到张家贺喜，张家大院洋溢着一片喜庆的气氛。

"瞧，这孩子粉嫩粉嫩的，真是可爱！"一位模样俊俏的女子说。

"这孩子五官长得真端正，将来一定能做大官。"一位身体健壮的男人跟着说道。

"孩子起名了吗？如此可爱的孩子，可得起个好名字才行！"一位举止斯文、秀才模样的人说道。他的话顿时引起了众亲友的兴趣。

"叫张相吧，孩子将来没准能做大官，当丞相。"一个中年汉子说。

"我觉得叫张玑比较好。"一个看上去颇有学问的老人捻着胡须说，"玑是美玉的意思，这个孩子好比一块美玉，无须刻意雕琢，就能拥有似锦前程。"

老人的话博得了大家的一致称赞："不错，这名字好！"

众亲友七嘴八舌地赞美着、议论着，张宗汉站在一旁只是颔首微笑。众人纷纷将目光投向他。张宗汉沉思片刻，缓声道:"感谢亲友们对我儿的厚爱,更感谢亲友们对我儿寄予厚望。我想为他起名张机,念及小儿排行老二,取字仲景,大家觉得怎么样?"

"好,好,名与字都很妙。"大家异口同声,喝彩鼓掌。

张家是一个没落的官宦家庭,祖上三代都曾在朝为官,张宗汉也曾出入朝堂,后来因得罪权贵才被罢了官。如今张家虽然没有了昔日的光景,但官宦世家的底蕴还在,而且家中藏有许多图书典籍,这为小仲景创造了良好的成长环境。

小仲景自幼聪颖,所以,张宗汉一有时间,就把小仲景抱坐在膝头,教他学语识字。张夫人出身书香门第,自然就成了小仲景的启蒙老师。小仲景刚能说话便随母亲识字读书,他早期的学习与品行得到母亲悉心的引导和培育。

得益于家庭环境的熏陶、父母的悉心教导,小仲景2岁就能讲一些简短的神话故事,3岁就认识了几百个汉字,5岁就能背诵《诗经》《论语》中的内容。幼年时接受的良好的启蒙教育,为张仲景日后成为济世救民、医德高尚的一代医圣奠定了坚实的基础。

立志行医

按照家风传承及父母的期望，小仲景理应勤读经史子集，然后考取功名，步入仕途。然而，当时社会动荡不安，兵祸绵延，百姓饱受战乱之苦，很多人流离失所，无家可归，处于水深火热中。而朝廷上上下下的官员只知钩心斗角、争权夺利，丝毫不顾百姓的死活。血腥残酷的现实，让小仲景从小就对官场充满了厌恶之情，他十分崇拜那些救死扶伤的医者，极其同情天下百姓。

当同龄孩童嬉戏玩闹的时候，小仲景却窝在书房里翻阅那一卷卷沉重的书简，他尤其喜欢翻看医学书籍，从中读到了许多古代医者救人的故事，并且十分敬佩名医扁鹊、仓公的医术和医德，最让他难忘的是关于战国名医扁鹊的传说。

扁鹊，原名秦越人，渤海郡郑县（今河北省任丘市）人，是战国时期的著名医学家。扁鹊年轻时跟随神医长桑君学医十几年，尽得其真传，最终成为一代名医，诊断疾病准确如

第一章 不为良相，当为良医

神，治疗病人妙手回春。

扁鹊尤其擅长望诊和脉诊。一天，扁鹊带着几名弟子到虢国国都行医，无意间听说年轻的虢国太子病逝了。在好奇心的驱使下，扁鹊来到王宫门口，想要打听一下太子因何病而逝。"太子患了什么病？"扁鹊问一个有一定医学基础的中庶子（战国时国君、太子、相国的侍从官）。

中庶子回答："太子气血不畅，体内的邪气盛而不疏，压制了正气，就突然昏死过去，不治而亡了。"话语中充满了悲伤之情。

"太子什么时间亡故的？"扁鹊又问。

"今天刚鸡叫时。"中庶子回道。

"这么说来，还不到半天。"扁鹊心中一松，追问道，"入殓了吗？"

"还没有。"中庶子一边回答，一边纳闷地看着扁鹊，心想这位医生真有点不可理喻，太子死了都快半天了，他还问这个做什么。

扁鹊焦急地对中庶子说："或许我还能救活太子，快带我去见国君。"

中庶子一听，忙进宫中通报。虢国国君得知有人能救活太子，喜出望外，立即宣扁鹊入宫。扁鹊来到太子的"尸首"跟前，立刻拿出针石为太子针灸、刺穴，很快，令人震惊的一幕出现了——太子竟然睁开了眼睛。接着，扁鹊又为太子开了几服药，太子服用了汤药后，气血不畅的病症完全消失了。

扁鹊救活太子的消息很快传遍了大街小巷，人们纷纷称赞他有起死回生的高超医术。对此，扁鹊平淡地说："太子只是昏迷，并没有死，我只是把他救醒而已，怎能称得上'起死回生'呢？"

又有一次，扁鹊行医到了齐国。面见齐桓公时，他发现齐桓公的脸色很不正常，便直接对齐桓公说："您病了，不过病情尚轻，如果不赶紧医治，恐怕会加重。"

齐桓公听了很不高兴，说："你胡说什么，寡人根本没病！"扁鹊离开后，齐桓公又对身边的侍臣说："当医师的都喜欢说别人有病来彰显自己的本领，以获得名利，他们都是贪财好利之徒。"

过了几天，扁鹊又遇到齐桓公，再次对他说："您的病已侵入肌肉和血脉，如不及时治疗就会越来越严重。"

齐桓公还是坚定地称自己没有病，丝毫不相信扁鹊的话。

又过了几天,扁鹊对齐桓公说他的病已深入内脏,需要立即医治,但齐桓公依然不予理睬。又过了5天,扁鹊再次拜见齐桓公,但是这一次他只看了齐桓公一会儿,什么也没说就匆匆离开了。

齐桓公感到十分不解,就派人询问扁鹊。扁鹊说:"国君已病入膏肓,不可救药了。"果然,没过多久,齐桓公就病死了。

小仲景读了很多扁鹊行医的故事,越读越激动——行医真是太有意思了,医术竟然可以洞察安危,救人性命!渐渐地,行医救人的想法开始扎根于他幼小的心灵中。

拜访何颙

小仲景的聪慧令张宗汉夫妇欣喜不已,可是随着儿子渐渐长大,他们却越来越感到忧心。因为小仲景日益明显地表现出对医学的喜爱,而对官场极为厌恶,他的人生理想是"不为良相,当为良医",这与他们的期望完全相悖。

在当时,医生的社会地位是极其低下的。一方面,当时的科学水平低下，人们的认识有限，对医生存有偏见，认为医生是走江湖混饭吃的人所从事的职业，宁愿相信巫师也不相信医生；另一方面，当时的医术还不发达，很多医生对药物和疾病的理解有限，从而造成许多疾病得不到有效的治疗，所以人们对医生的需求不高，医生这个行业也不受人们重视。更重要的是，这时儒家思想已经得到了广泛的传播，被统治者奉为金科玉律，有着不可动摇的地位，而医学则被视为"三教九流"之类。

为了让儿子放弃从医的想法，张宗汉用尽了各种办法，但始终没有成功。无奈之下，他带着小仲景去拜访同郡的名士何颙，希望何颙能为儿子指点迷津，让他勤奋读书，早日走上求功名、做朝官之路。

何颙是南阳郡襄乡县（今湖北省枣阳市）人，自幼聪慧，勤奋好学，年轻时曾到洛阳游学，结交了不少名士，与郭林宗、贾伟节等人交情甚笃。

当时，为了凸显自己的才华学识，许多文人士大夫都喜欢"品评"，或品评他人，或被别人品评，何颙也不例外。在洛阳，何颙的品评向来很准确，他心思细腻，善于观察，能够从一个人的言行细节中看出此人的品行和前程。据说他见到曹操后,曾感叹道:"汉王朝即将灭亡,能够安定天下的,一定是这个人。"

何颙热情好客,见张宗汉父子来访,十分高兴。问明了张宗汉父子二人的来意后,何颙先是考察了小仲景的诗词歌赋,对他的才学及敏捷的思维甚为欣赏。但何颙没有直接为张宗汉父子解惑,而是留他们住了下来。随后几日,他不是带着小仲景抚琴弄墨,就是带着他对山高歌,并领他认识了许多不同流俗的名士,使小仲景的视野开阔了很多。

转眼十几天过去了,张宗汉父子打算告辞归乡。这时,何颙才语重心长地对小仲景说:"孩子,你年少才高,我很喜欢你。按你的才华,将来入朝为官定能有所成就,然而,当下的朝廷状况你也有所耳闻,朝堂之上宦官专权,正不能压邪,着实不乐观。依我看,你性格沉稳,才思敏捷,不仅好学,还能忍住寂寞,又喜欢帮助他人,如果静心研究医术,一定会成为一位良医。"

小仲景闻言,郑重地回答道:"仲景谨记先生之言,此去一定一心学医,为百姓治病。"随后,他与父亲一道踏上了回乡之路。

张宗汉原本希望何颙能劝说儿子放弃医学,用心读书,将来好入朝为官,没想到何颙不仅没有打消张仲景从医的想法,反而更加坚定了他"不为良相,当为良医"的信念。张宗汉无奈地摇了摇头,只能对儿子听之任之了。

拜师伯祖

在确立了自己的人生理想和奋斗目标后,张仲景更加努力地投入学习中。他清醒地知道,自己并非那种生而知之的天才,要想在医学上有所成就,只能比常人花费更多的时间,加倍努力,刻苦钻研医学。

汉延熹四年(161年),张仲景拜到同乡张伯祖的门下,向他学习医技。

张伯祖精通脉理,笃好医术,诊病治病都很熟练,往往有良好的疗效,而且他性情沉稳,品行端正,在当时颇有名气,被人们称为"圣手"。

汉元嘉年间(151年—152年),汉桓帝患上了恶疾,发热怕冷,头痛难忍,浑身乏力,虽经太医治疗十余天,但病情仍毫无起色。汉桓帝听人说张伯祖医术高明,便命人将

第一章 不为良相，当为良医

他请进宫。经过一番诊断，张伯祖断定汉桓帝得了伤寒，便开出药方，叮嘱汉桓帝服药后要盖上厚实的棉被，卧床休息。汉桓帝照做了，没多久就出了一身汗，然后酣睡过去。

翌日，汉桓帝一觉醒来，感觉自己浑身舒坦，不适感完全消失，非常高兴，便赏张伯祖侍中一职，想把他留在宫中。张伯祖对宦官把持朝政的黑暗现实素有了解，不愿在朝为官，心中暗想："我可以治好皇帝的病，却无法治愈国家的病。"可他又担心直接拒绝会触怒桓帝，危及性命，便违心地接受了，准备找个机会再逃走。没过多久，张伯祖就逃离了洛阳，据说他逃得相当匆忙，连官帽都没摘下。从那以后，他就隐居山林，一心一意为当地百姓治疗疾病。

张伯祖的医术和医德远近闻名，张仲景对其敬佩不已，便前去拜师学艺。拜师时，张伯祖问："你才华横溢，为何不去考取功名，谋个一官半职，却选择学医？"

"做官要为百姓做主，为医者同样可救百姓于水火。"张仲景一脸凝重地说，"当下朝政落入宦官之手，许多忠臣良将遭到贬斥，仲景若去做官，不是助纣为虐，就是随波逐流，庸庸碌碌地度过一生，还不如从医好，可以救治处于病痛中的百姓。"

张伯祖听了深感欣慰，又问："你打算如何学医？"

"记得先生曾说'勤求古训，博采众方'，仲景一定谨记此言，努力提高自己的医术，一心一意为百姓服务，但凡百姓有求，哪怕有千难万险也会尽心救治。"张仲景郑重地回答。

张伯祖一边听，一边点头表示赞许。

从此，张仲景就成了张伯祖身边的小医童。

张仲景悟性极高，人也勤奋，每天跟随师父出诊、采药，忙得不亦乐乎。每当看到师父治好了病人，为病人解除了病痛，他就喜不自胜，从医的信念愈发坚定，学习起来也更加勤奋。每天晚上，他都会在烛火下记录自己当天的所感所得，还时常问一个"为什么"。为了采药，他常常翻山越岭，哪怕山险谷深；为了钻研药方，他常常废寝忘食，埋头苦读到深夜。

张仲景勤奋、聪慧，深得张伯祖喜欢。张伯祖对张仲景就像对待自己的亲生子女一般，毫无保留地将自己的学识与技能传授给他，对他倾注了全部的精力和心血。

蜜煎导方

张仲景刻苦钻研医学与医技，博采众长，进步很快。他不但认真学习张伯祖的医学技艺，不断揣摩某种病为什么要如此治疗、如此用药，而且还勤于用脑，能够举一反三地分析思考，寻求用不同的方法来治疗同一种疾病。

一天，一位精神萎靡的病人来找张伯祖，恳求他救救自己。张伯祖见这个病人高烧不退，口干舌燥，感觉情况不妙，赶紧为他仔细诊治。病人极其虚弱地向张伯祖陈述自己的病情，痛苦地说："大夫，帮帮我吧，我已经好几天大便不畅了。"

经过询问及把脉，张伯祖断定病人是"热邪伤津，体虚便秘"而导致发病。可是，该怎么治疗呢？张伯祖不禁犯了愁。

原来，按照以往的经验做法，遇到便秘，常常使用泻药来治疗，让病人排泄出肠中干涩的粪便即可，然后再做其他的辅助治疗。但眼前这个人的病情令张伯祖感到十分棘手，因为他现在的身体实在太虚弱了，如果用泻药的话，他肯定承受不了，会让他的病情雪上加霜，说不定还会造成难以预计的严重后果。

张伯祖一时感到束手无策，他思考良久，仍疑虑重重：究竟该用何种药物，才能让病人泻出硬便，又不伤身体呢？

张仲景在一旁看见师父那焦急的模样，便想为师父分忧。他开动脑筋，仔细回想自己看过的医书中的内容，突然灵光一现，想到了一个绝妙的法子。他露出自信的神情，笑着对张伯祖说："师父莫着急，弟子想到了一个妙计，不知是否可行？"

张伯祖正苦于找不到好办法，连忙说："你说来听听。"

张仲景将自己的想法向师父娓娓道来。张伯祖听了捻须颔首，认为方法可行，脸上的愁容也慢慢消失了。

治疗方案终于确定下来，师徒二人赶紧开方为病人医治。张仲景先往一个铜碗里倒进适量蜂蜜，然后以小火熬制，并不时地用竹筷搅拌着蜂蜜，以免蜂蜜熬煳了。待熬成黏稠状的蜂蜜冷却后，张仲景将蜂蜜搓成手指粗细、两头尖的细条，然后塞进患者的肛门内，以促进其肠壁慢慢蠕动。蜂蜜既能润肠通便，又不会使患者剧烈地排泄，对患者的伤害非常小。病人按张伯祖师徒二人的吩咐，又喝了些水，然后躺下，并用手捂住肛门。

不大一会儿，病人感觉到通体舒畅，好几天的大便终于排了出来。病人的面色比先前红润了不少，人也精神多了。又经过几天的治疗、调养，病人完全康复了。

张仲景为病人治疗所使用的方法就是药物灌肠法，这种治疗方法当时在世界上是一种创举。后来，张仲景在其著作《伤寒杂病论》中收录了这一治疗方法，并为之取名为"蜜煎导方"。

经过这件事后，张伯祖逢人便夸赞一番这个徒弟。很快，一传十，十传百，张仲景自制秘方治好病人便秘的事情传遍了十里八乡，引起了不小的轰动。

不过，张仲景并没有因此而骄傲，仍孜孜不倦地钻研医学。他发愤苦读，刻苦钻研，不让自己有一丝一毫的松懈。即使双手老茧密布、面容疲惫、身形消瘦，他仍然乐此不疲。张伯祖对这个勤思好学的徒弟更加喜欢了。

给孩子读的中国先贤故事：张仲景

巧治瘟疫

俗话说，"名师出高徒"，在张伯祖的悉心教导下，张仲景的医术突飞猛进，很快就成了一位远近闻名的医师。

有一年秋天，南阳一带暴发了一场瘟疫。当时，一支抗击羌人的东汉军队正驻扎在张仲景的家乡，因多方征战，缺乏医药，又不幸染上瘟疫，很多士兵失去了战斗力。军队首领段颖为此忧心如焚，急忙派人到涅阳向刘太守求助。

刘太守深知事情的严重性，立即去找张伯祖。太守亲自登门求见，张伯祖猜想定有紧急之事，赶紧将刘太守请进家中，直言询问："刘大人亲临寒舍，不知所为何事？"

"想必先生也知道，宛城（今河南省南阳市宛城区）西郊驻扎着一批军队，他们抵御羌人，守护百姓，没想到军中许多将士染上了瘟疫，不少人生命垂危。军队首领段将军让本官为他寻找一位医者，不知老先生能不能帮帮忙，去军中救一救那些将士。"刘太守一脸忧愁地回答。

张伯祖捋了捋胡须道："如今疫病蔓延，很多百姓都患

第一章　不为良相，当为良医

了疫病，老夫有心无力，实在是走不开呀！"

"老先生一片仁心，本官由衷敬佩。"刘太守向张伯祖拱了拱手，表示崇敬，而后接着说，"这事倒也不用老先生亲自出马，您派一个徒弟随本官前去即可。"

张伯祖点点头，说："这样也好，老夫目前有三个徒弟可以独立看病行医，不知大人想带哪个徒弟去呢？"

"先生的徒弟个个都是好样的，您指派一个就行。"刘太守没有强求。

"好吧，就让我的三徒弟张仲景去吧，前不久，他刚为他村子里的人治愈了疫疾。"接着，张伯祖向刘太守讲述了张仲景以身试药，为本村乡亲治好疫病的事迹。

原来，此次瘟疫也蔓延到了张仲景的家乡，他的母亲染上瘟疫一病不起。族长万分焦急，慌忙派人去请张伯祖前来救人。张伯祖分身乏术，于是让张仲景回家乡去救人。张仲景仔细察看了几个病人，凝神思索自己读过的医书中的内容，回想师父的教导及师父为病人诊病时的每一个细节。研究了大半天，张仲景心中有了眉目，他带领几个年轻力壮的小伙子四处采集草药，然后在家里烘焙草药，以加强草药的疗效。之后，张仲景又寻来一口大水缸，亲自熬煎了一缸汤药供乡亲们饮用。

只是汤药煎成后，乡亲们并不相信他这个小小少年能够治好疫病，没有一个人敢喝。张仲景知道乡亲们心中有顾虑，便率先盛了一碗汤药一饮而尽。为了支持儿子，张仲景的母亲也毫不犹豫地喝了一碗汤药。

"我也来喝上一碗！"老族长打消了顾虑，对众乡亲说，"乡亲们，快来喝点吧，还有比等死更坏的情况吗？"

众人连连点头称是，纷纷拿起碗来，从缸中盛汤药喝，一大缸汤药很快被喝了个精光。在张仲景的精心诊治下，没过几天，村子里的病人们都痊愈了。

刘太守听了张伯祖的讲述，对张仲景佩服不已，当即带上张仲景赶往军营。段颖早就在军营门口等候，他看见刘太守，如同看见了救星，急忙迎上前去，急切地问："刘大人，是否请来了郎中？"

刘太守转身指着跟在自己身后的张仲景，对段颖道："这位张仲景小先生就是我为你请来的郎中。他是张伯祖老先生的高徒，年纪不大，医术却十分了得。"

段颖打量着眼前这位瘦弱的小伙子，将信将疑道："如果你能医治好那些染病的将士，我会重重赏你！"

第一章 不为良相，当为良医

"先不谈这些，救治病人要紧。能够救治染病的将士，让他们重返战场，勇敢杀敌，护卫国家，我深感荣幸。"张仲景不卑不亢地回答。

"对对对！小先生，请随我来！"段颖边说边带着张仲景往营帐里走去。

走进营帐，张仲景立即为染病的将士们把脉。他一连察看了几个病人，然后对段颖说："将士们的病是瘴气侵入体内所致，这种病俗称'打摆子'，患上此病，病人会全身打寒战，严重时会陷入昏迷状态。"

"小先生所言极是，确实有许多将士昏睡不醒。本将不明白的是，他们患的是同一种病，表现为何不同？有人昏迷不醒，有人浑身出汗，有人全身发黄且身体浮肿。"段颖不解地问。

"是的，打摆子也分不同的种类。"张仲景耐心解释道，"有哑巴摆子，患者不言不语，全身打寒战；有黄皮摆子，患者身体浮肿，肤色泛黄。"

段颖追问："这样啊，那有的人一天发烧，一天发冷，又是为何？"

"这叫作隔日摆子。"张仲景回答道。

段颖听了，称赞道："小先生说话简洁明了，令人佩服，不愧是名医高徒。那就麻烦小先生尽快为将士们治病吧！"

"本地人有一个驱瘴的偏方，即烤火使瘴气难以近身。"张仲景一边开方，一边向段颖建议道，"将军可以让那些没染上瘴疫的将士试一试，以预防疫疾。"

"好的，我马上安排下去。那已经染上瘴疫的将士们能否治愈？"段颖心里依然不安。

"当然能了，瘴疫没有那么恐怖。"张仲景自信地回答，将药方递给段颖，"让染病的将士们服用此药方，三日后病情必有好转。"

张仲景又叮嘱段颖："此次患者众多，将军可命人先抓回一百服药，分开煎熬。将每服药放入锅中加满水，大火烧开后再用小火煎熬两个时辰，然后将汤药分成10份，患者每天服用3次。患者要按时按量服药，这样只需3日，病情就会好转。"

段颖接过药方，随即吩咐手下去抓药煎汤。药抓回来了，几名士兵一阵忙碌，很快将药煎熬成汤，一时间，药香四溢，飘散到每一个营帐中。患病的将士们趁热喝下汤药，又按张仲景的吩咐蒙着被子睡下。

第一章 不为良相，当为良医

第二天一大早，张仲景就来到患病将士们的营帐察看情况。他走到一个年轻的病人跟前，问道："昨晚睡得怎么样？"

"挺好的，一觉睡到天明。"病人回答。

"现在有何感觉？"张仲景又问。

"好多了，不再像昨天那样浑身发冷了，全身的浮肿也消了不少。谢谢神医，若不是神医出手相救，我怕是活不了了！"病人说着，拱手向张仲景行了一礼。

张仲景还有些不放心，追问："夜里可曾出汗？"

"是的，我蒙被睡下不久就出了一身汗，然后身体变得十分轻松，没多久我就睡着了。"病人如实回答。

"嗯，不错。"张仲景心下稍安，叮嘱病人道，"再过两天你的病就好了，不用怕。只是这两天不能吹风，否则就难治了。"

病人点头道："好的，我会牢记神医的叮嘱！"

在张仲景的精心诊治下，三天后，军中的瘴疫基本得到了控制，少数病情严重的，药石难医，不幸客死宛城西郊。绝大部分病人或痊愈，或病情好转。

消息传到张伯祖耳里，他非常高兴，赞叹道："真是青出于蓝而胜于蓝啊！我这个徒弟很快就可以出师了。"

在这次疫情中,张仲景凭借扎实的医学知识和精湛的医术,接连治好了乡亲们和军队的疫病,一时间声誉鹊起,他的大名传遍远近各地。人们纷纷称赞他,说他"其识用精微过其师"。

第一章 不为良相,当为良医

虢 国

虢国是周朝初期的姬姓诸侯国,其存在年代为公元前9世纪至公元前7世纪。

公元前1046年,周武王率周军在牧野(今河南省新乡市、卫辉市、辉县市一带)大败商军,周军攻入商都,商朝就此灭亡。周武王建立周朝后,大封诸侯,他的两个叔叔也就是周文王的两个弟弟虢仲、虢叔也被封为诸侯。虢仲被封于制邑(今河南省荥阳市汜水镇),建立东虢国。

虢叔被封于雍邑（今陕西省宝鸡市凤翔区），建立西虢国。

周宣王元年（前827年），西虢国向东迁徙，来到上阳（今河南省三门峡市）安顿下来，史称南虢国。周平王四年（前767年），郑武公率军攻灭东虢国，周平王又封东虢国国君后裔虢序为大夫，虢序迁居夏阳（今陕西省韩城市），后西迁至山西平陆，建立北虢国，因为国家弱小，只得依附南虢国。

西虢国东迁后，原地还留有一个小虢国，于周庄王十年（前687年）被秦武公所灭。周惠王二十二年（前655年），晋献公派大将里克率兵征伐南虢国。里克采用副将荀息的假途灭虢之计，一举攻下上阳，南虢国末代国君虢公丑弃城逃往东周京都洛邑（今河南省洛阳市），南虢国灭亡。

虢国的经济、文化都很发达，族人性格强悍，骁勇善战。虢国地势险要，起着屏蔽、护卫周王朝都城的作用，国君很受周天子的器重，经常代替周天子东征西讨、南征北战，参与过西周至春秋初期发生的许多重要战争，对周王朝的兴衰有着重大影响。

齐桓公

齐桓公（？—前643年），姜太公第十二代孙，齐僖公第三子，名小白，俗称"公子小白"，齐国第十六位国君（前685—前643年在位），春秋五霸之首。

齐僖公驾崩后，齐僖公长子姜诸儿即位，是为齐襄公。齐襄公喜怒无常，经常无端杀人，公子小白和同父异母之兄公子纠为了避难，逃到外国居住。公子小白在鲍叔牙的保护下逃到莒国（今山东省莒县），公子纠在管仲的保护下逃到鲁国。不久齐国发生内乱，齐襄公被公孙无知杀死，公孙无知自立为君，一年后又被大臣杀死。公子小白在鲍叔牙的帮助下，迅速回国抢夺王位继承权，途中遭到管仲率领的军队的伏击。管仲一箭射中公子小白的衣带钩，公子小白假死骗过管仲，抢在公子纠前面回到齐国，被拥立为齐桓公。

齐桓公即位后，不计前嫌，拜管仲为相，励精图治，厉行改革，发展经济，扩充军队，使齐国很快强盛起来。对外，齐桓公打出"尊王攘夷"的旗号，北击山戎，南伐楚国，灭掉周边一些小国，先后九次大会诸侯，被推举为诸侯盟主，成为中原地区的第一位霸主。

晚年的齐桓公耽于享乐，变得昏庸起来。管仲去世后，他任用易牙、竖刁等奸佞之臣，致使朝政废弛，齐国走向衰落。公元前643年，齐桓公驾崩，他的5个儿子率兵互相攻打对方，齐国陷入一片混乱之中。

第二章

游历四方,博采众长

张仲景自幼聪慧，勤学善思，跟随师父学医更是刻苦努力，因此进步很快，还没出师就在当地小有名气。出师后，张仲景秉承"勤求古训，博采众方"的初衷，继续研读医书，并四处游历，拜访名医，虚心求教，以丰富医学知识，提高治疗技艺。

寻访吕广

寒来暑往,不知不觉间,张仲景跟随张伯祖学医已有四五年时间,医术也得到了南阳一带百姓的认可,可以出师了。张仲景对师父这几年的悉心栽培非常感激,依依不舍地告别师父,回到家中。

不过,张仲景回家后,并没有贸然行医,仍旧每日研读医书,并四处拜访名医。张仲景第一个拜访的是安徽黄山的名医吕广。

吕广医术十分高明,善于凭脉论病,病人不须开口,他仅凭切脉就可断病。遇到久治不愈的顽疾,他也能手到病除。吕广不仅医术高超,医学理论水平也很高,撰写了很多医学著作。张仲景对吕广的大名早有耳闻,非常仰慕他,决定前去拜师学艺。

从张仲景的家乡到黄山有千里之遥,张仲景晓行夜宿,历时半月有余，终于来到黄山脚下。经过一番打听，张仲景找到了吕广家，只见院前石凳上坐着一个鹤发童颜的老者，手捧竹简摇头晃脑地读着，口中念念有词。

张仲景以为老人就是吕广，上前便拜，恭敬地说："久闻先生大名，晚辈张仲景特来拜访。"

老人一愣，连忙上前扶住张仲景："快快请起，我只是一个山野村夫。"

"先生过谦了。仲景早就听说先生医术高超，治愈了不少顽疾，所以不远千里赶来拜访！"张仲景态度谦卑，坚持拜了下去。

老人闻言，哈哈大笑道："你应该是来找我孙子吕广的吧，他的医术称不上高超，只是略懂医学皮毛，能够救治一下乡邻罢了。"

张仲景一时愣住了，他本以为赫赫有名的吕广是一位年近花甲的老者，现在看来，也许吕广跟自己差不多年纪。

这时，老人又说："我那孙子出门已有两日了，可能去山中采药了，也可能去给什么人看病了。他是一个随遇而安的人，公子还是去拜访别人吧。"

张仲景坚持道："晚生曾随师父学医 5 年，略知医理，

第二章 游历四方，博采众长

对吕广先生仰慕已久，希望老伯让晚生见一见吕广先生。"

老人见张仲景诚心诚意，就将他让进了屋，为他倒了一杯茶。二人正在喝茶聊天，忽然一个年轻小伙子推门而入，只见他年龄二十上下，浓眉大眼，身材挺拔。老人笑着介绍道："这就是我的孙子吕广。"

张仲景见吕广风度翩翩，小小年纪就声名远扬，对他的敬意又增添了几分。

两个年轻人一见如故，相谈甚欢，从古到今，从医学到社会，可以说是无所不谈。

原来，吕广的父亲曾是一个地方官，因不小心得罪了宦官，宦官以莫须有的罪名要将吕广家满门抄斩。当时吕广刚出生不久，吕广的祖父趁乱救出了他，带着他逃到远离朝廷的黄山脚下隐居起来。祖孙俩相依为命，祖父早年读过书，便教吕广识文断字，并教他医理知识。吕广早慧，且勤学好问，很快就将祖父收藏的书籍读完了，又跟随祖父遍访名医，得到了很多名医的真传，小小年纪就拥有高超的医术。每次听说附近百姓遭遇病痛之苦，祖父就鼓励吕广前去医治，吕广每次也能药到病除。很快，吕广的大名便传扬开来，前来寻医问药的百姓越来越多。吕广受爷爷教诲，不追逐功名利禄，一心一意救治百姓。

张仲景对吕广的遭遇深表同情，对他精湛的医术赞叹不已。吕广也很敬佩张仲景，将自己平日读书的心得体会一一讲给张仲景听，请张仲景指点；张仲景也将自己随身所带的学医笔记拿出来让吕广过目，请吕广斧正。

张仲景在吕广家住了半月有余，亲眼见识了吕广的脉法、针法等医术，受益匪浅，医术也有所提高。

"仙师"授术

为提升自己的医术，张仲景拜师学艺的脚步永不停歇。

当时，涅阳沈家庄有一位医术精湛的名医，名叫沈槐。沈槐一生济世救人，善举无数，当地人尊其为"仙师"。沈槐年过古稀，名利双收的他本应安享晚年，但是他天天愁容满面，忧心忡忡，身体也随之每况愈下。

当地许多大夫听说了沈槐的情况后，都很为他担心，纷纷上门给他诊治，可是沈槐的病情丝毫不见好转，越来越严重。张仲景听说后，急忙赶到沈槐家，仔细给沈槐把脉，观察他的面色，并询问他的饮食状况，最终得出结论：老先生是忧思成疾。

张仲景给沈槐开了一个药方，并嘱咐沈槐的家人给他按时服用。只是这药方着实奇怪：取五谷杂粮面各一斤做成丸，用朱砂涂在丸子外面，病人须一顿吃完。

沈槐看了张仲景开的药方，心中感到好笑：自己行医数十年，还从没见过如此怪异的药方，这个张仲景真是年轻无畏啊，怎么能开出这种不伦不类的药方呢？

沈槐命家人把那用五谷杂粮面做成的药丸用绳索串起来，挂在屋檐下，另拿一把椅子放在屋檐下。他每天没事就坐在屋檐下，一看到有人路过，就指着药丸嘲讽张仲景一番。

邻居从他家门前经过，他笑着说："看！张仲景竟然给我开出这样的药方，用五谷杂粮来治病，真是可笑，哈哈哈！"

陌生人路过他家门口，他也笑着说："快来看吧！张仲景一次给我开了这么多的药，还让一顿吃完，真是荒唐，谁一顿能吃这么多！哈哈哈！"

有同行来看望他，他笑着说："我问你，你见过这样的药方吗？我行医几十年，听都没听说过，真是滑稽！哈哈哈！"

就这样，沈槐每天都在笑声中度过，过了大半年，他的病竟然痊愈了，整个人看起来精神了很多。

这时，张仲景又来探望沈槐，看着他精神不错，便也放心了。张仲景向沈槐解释了自己开那个药方的用意，并询问道："老先生，之前您是忧思过重才会日渐憔悴。敢问老先生，您究竟因何事如此伤心费神啊？"

沈槐这才明白张仲景的良苦用心，他叹息一声，向张仲景道出了自己的心思。

原来，古代大医都有一个约定俗成的惯例，即自家的医术只能传给自家男孩。沈槐膝下只有一个女儿，按传男不传女的规定，沈家的祖传医术传到沈槐这一代就没有传人了。祖宗传下来的技艺，要终结在自己手中，沈槐怎能不心内郁结呢？

张仲景听了劝慰道："老先生何必为此事伤心劳神呢？后世有这么多医师学者，您的医术怎么会后继无人呢？"

沈槐听了张仲景的话，豁然开朗，笑着说道："好小子，

第二章 游历四方，博采众长

说得不错，是老夫迂腐了。"

解开心结的沈槐不再拘泥于传统，决定将家传医术传给张仲景。他带着张仲景来到书房，打开一个柜子，从柜中取出一个精致的木盒，交给张仲景，郑重地说道："这个木盒里的书记载着我家的祖传医病秘术，还有我这几十年行医的经验。老朽没有儿子，见公子才华横溢，医术精湛，将来必成大器，就将它赠送给你吧，或许能够帮助到你。"

张仲景不肯接受，但沈槐态度坚决："我将它赠送给你，并不仅仅为沈某一人，也不为你张仲景，我是想为黎民百姓、子孙后代做点什么！"

张仲景听沈槐这样说，也就不再推辞。他双手接过木盒，对沈槐说："晚辈一定不负前辈期望，尽心竭力，将前辈的家传医术发扬光大，去救治更多的百姓。"

沈槐还留张仲景在家中住了几日，手把手地将沈家祖传医术教给张仲景，还将200多种草药的用途详细地告诉了他。就这样，沈槐把毕生所学都传给了张仲景，也传给了后世子孙。

襄阳学艺

从沈槐家离开后,张仲景回到家中每天仍刻苦钻研医书,如饥似渴地学习医术知识,并留心打听各地的名医。只要听说哪里有名医,哪怕跋山涉水他也会前去拜访,虚心求教。

这天清晨,太阳刚从地平线上升起,满身风尘的张仲景已站在了襄阳城的同济药堂门前。药堂管事问他是拿药还是看诊,他却说:"我来自河南,在这里举目无亲,不知可否在贵堂讨口饭吃?"

药堂管事委婉拒绝,张仲景则再三恳求。这时,从药店里传来一个人的说话声,只听那人说道:"管事,让他留下吧,谁没个难处啊,能帮就帮一把。我正好缺一个做药的帮手。"话音刚落,一位老者从堂内走了出来。

"好的。"管事看着老人,回答道。

襄阳同济药堂离张仲景的家乡很远,而且张仲景与药堂的老板也不认识,那他大老远地跑到这家药堂来做什么呢?

事情还得从一年前说起。一年前,张仲景的弟弟打算外出做生意，临行前，弟弟对张仲景说："哥哥，我这次要在外面待很长时间，想请哥哥帮我看看，近几年小弟会不会得什么大病？"

张仲景赶紧让弟弟坐下，仔细地为他把脉，然后说："弟弟，明年你背上可能会长个疮！"

弟弟闻言十分惊恐，连忙问："天啊，这可怎么办？背上长疮，我看不见摸不着的，恐怕不好医治吧？"

"这种疮叫'瘩背疮'，的确不好医治。"张仲景笑了笑，安慰弟弟说，"不过你也不用担心，我给你开个药方，感觉背上疼痛时就服下，这样疮就会转移到屁股上，然后再找大夫医治。治好后记得给为兄来封信，以免为兄挂怀。"

弟弟这才稍稍放下心来，拿着哥哥开的药方离开了家乡，去了襄阳。第二年的某一天，他突然觉得脊背上疼痛无比，赶忙照着哥哥开的药方去抓药。服药没过几日，他发现背部不再疼痛了，但屁股上又长出了一个疮。他找了许多郎中看诊，但这些郎中都不能治好他屁股上的疮。后来，弟弟来到同济药堂，药堂老板王神仙为他诊了一下脉，肯定地说："你这长的是瘩背疮，可是它怎么长到屁股上了呢？"

"是我兄长用药把它挪过来的。"弟弟实话实说。

"这么说你兄长应该是一位不错的医者！"王神仙点点头道，"他能把你背上的疮挪到屁股上，应该也能医治吧！"

"先生说得不错，我兄长的确能够为我医治，只是远水解不了近渴，我兄长远在南阳老家呢。"弟弟拱手向王神仙施了一礼，真诚地说，"麻烦先生快帮我医治一下吧，屁股上长疮，滋味不好受啊！"

王神仙没有推辞，立即为张仲景的弟弟开了药。弟弟服了药，又用了几张膏药，没多久，屁股上的疮就痊愈了。弟弟高兴之余，立即写信将此事告诉张仲景。

收到弟弟的来信，张仲景觉得这个王神仙医术了得，当下便决定去拜访王神仙。就这样，张仲景千里迢迢地从家乡来到了襄阳。

为了学习更多的医学知识，掌握自己未了解的医学技艺，张仲景隐姓埋名，在同济药堂住了下来，并很快获得了王神仙的认可。起先，王神仙让张仲景在药堂内负责为顾客拿药，后来干脆将他带在身边，做自己的助手。王神仙为病人看病，张仲景写药方。有重病患者前来，王神仙先为病人把脉，然后让张仲景再摸摸病人的脉，并告诉他病人得的是什么病，如何治疗。张仲景牢记每一次诊断的情况，并把病案一一记

第二章 游历四方，博采众长

录下来。

转眼过去了几个月，一天，店里来了一个骑驴的老人，老人刚跳下驴背就急切地喊："王神仙，王神仙，快去救救我儿子吧，他快疼死了。"

王神仙闻言，知道老人的儿子病得很重，立即跟着老人走了。

大约半个时辰后，那位老人拿着药方来药堂抓药。张仲景看了看药方，发现里面有治虫的毒药藤黄，猜想到病人肚子里有虫。

"先生为什么只开了五钱藤黄呢？这样杀不死虫子吧。"张仲景心存疑惑，又不敢擅自更改药方，就按方抓药，将药交给了老人。

不大一会儿，王神仙回到药堂，要回后院休息。张仲景连忙上前阻拦："先生，稍等一下，我看要不了多久就会有人来寻先生！"

"这话怎么讲，你说的莫非是那位老人？他已经抓过药了，还来找我干什么？"王神仙一脸疑惑。

张仲景说："是的，我想那位老人很快就会回来。抓药时，弟子看到药方中有藤黄，想必是病人肚子里生了虫子。

不过弟子记得，要一两以上的藤黄才能将虫子杀死，而先生开的药方中只有五钱藤黄，这只能把虫子毒晕，等虫子醒过来后，会更加凶狠地折腾，病人会更加痛苦。弟子担心那位老人已经在来药堂的路上了！"

王神仙听了半信半疑。不一会儿，那位骑驴的老人果然又来了，他来不及下驴便叫道："王神仙，王神仙，不好了，我儿子肚子疼得更厉害了，求先生再去救救他吧！"

王神仙一时不知如何是好。张仲景见状，主动请缨道："想必先生心中已然明白事情的严重性，恳请先生让弟子前去看看！"不等王神仙发话，张仲景便拉着老人匆忙离开了。

一到老人家中，张仲景就看到老人的儿子正捂着肚子在地上滚来滚去，便知道已苏醒的虫子正在他的肚子里闹腾。张仲景不慌不忙地走过去，吩咐老人将他儿子的衣服脱掉，然后掏出银针照着老人儿子身上的几处穴位飞快地刺了下去。老人儿子大叫一声，然后就躺在地上不动了。

这可把老人吓坏了，连忙问张仲景是怎么回事。张仲景安慰老人说："老人家莫慌，您的儿子没事了。"话音刚落，只听老人的儿子哼了两声，睁开了眼睛。

张仲景又为老人的儿子开了药,将药煎好让他喝下。没过一会儿,老人的儿子就排出了好几条长长的虫子。

王神仙了解情况后,又惊又喜,拉着张仲景问:"不知你究竟为何人?"

"弟子姓张,名机,字仲景,向先生拜师学艺来啦!"张仲景拱手施了一礼,"请先生原谅仲景隐瞒之罪!"

"张仲景?你是南阳张仲景?王某真是有眼不识泰山啊!"王神仙惊诧不已。

随后几天,王神仙和张仲景畅谈了各自对医学的见解,颇有相见恨晚之感。张仲景回了老家后,他们还一直保持联系,成了一对医学上的好友。

冯老传技

张仲景勤于学习,也善于学习,虽已声名在外,但他对医学技艺依然孜孜以求。

当时,河内郡(辖境包括今河南省焦作市及其周边地区)修武县有一个精通导引、吐纳、针灸、膏摩之术的人,据说此人虽年逾八旬依然体格健壮，耳聪目明，健步如飞。张仲景听说后非常好奇，决定前去拜师学艺。

张仲景一路辗转，来到修武县城，在一家客栈中住了下来。半夜时分，屋外突然响起一阵急促的脚步声，张仲景从睡梦中惊醒，听到门外有人在窃窃私语。他赶紧穿上衣裳，拉开房门。

他刚要出门，一个店小二急忙上前阻拦，对他说道："客官不要惊慌！既然你听到了，那就告诉你吧。"

店小二凑到张仲景的耳边小声低语："一个卖菜的年轻人不知为何上吊寻短见，吓死人了。不过，现在已经没事了，'尸体'已经抬走了，你接着睡吧。"

张仲景闻言，心中马上涌起一种当医生的责任感，他不但没回去继续睡觉，还请店小二带他过去看看。他说："快，快带我去看看，那个年轻人可能还没死呢！"

店小二不敢迟疑，立即带着张仲景去看那个寻了短见的年轻人。张仲景仔细检查了一番，发现年轻人尚有体温，细摸之下还能感觉到其肋窝的脉搏在微微跳动。

"应该还有救！"张仲景赶紧让人将年轻人平放在地上，

第二章 游历四方，博采众长

解开他的衣带，开始用双手按压其胸部。同时，他又想起自己小时候看农民杀猪煺猪毛时的情景：杀死猪后再向猪肚内吹气，等猪皮鼓胀起来后，猪毛就好煺了。他灵机一动：人没气了为什么不能给他吹气呢？这样做或许能够救人。于是，他一边按压年轻人的胸口，一边口对口地往年轻人口中吹气。

不一会儿，奇迹发生了：年轻人的胸部有了起伏。张仲景赶忙拿出银针，往年轻人身上的几处穴位刺进去。又过了一会儿，年轻人睁开了眼睛。

"天啊，为什么不让我死掉，还救我干什么啊！"年轻人一醒过来，就俯在地上号啕大哭起来，"如今我欠一身债，怎么养活家人，怎么活下去啊……"

原来，这个年轻人家里很穷，他想做点生意来维持一家人的生计。他求爷爷告奶奶地向亲友借了些钱，来到修武县准备做生意，没想到住进客栈后，他身上携带的钱被小偷偷了个一干二净。年轻人深感绝望，想到一家人老的老、小的小都在等着他挣钱养活，可如今好不容易借到的一点钱又被人偷走了，没有本钱便无法做生意，如何回去面对一家老小呢。绝望之下，年轻人便悬梁自尽了……

了解了事情的原委后，张仲景对年轻人产生了怜悯之心。他想：这个年轻人与自己年龄相仿，还有几十年的光景去拼搏呢，怎能一死了之呢？于是，他从口袋中掏出一些银钱递给年轻人，希望能够帮助他振作起来，重操旧业。

年轻人对张仲景救了自己一命深为敬佩，现在又见张仲景资助自己，他既感激又羞愧，无论如何也不肯收钱。

张仲景见状，只好对年轻人说："快拿着吧，算是我借给你的，等你有钱了再还给我，这样总可以吧。"没等年轻人回答，张仲景就转身快步离开了。

年轻人手捧着钱，眼中再次流出了泪水，这一次他流的是感激的泪，希望的泪。他口中喃喃道："恩人呀，你的大名我还不知道呢……"

后来，张仲景总结诸多类似的救治经验，结合前人的医疗成果，发明了"人工呼吸"和"胸压按摩"等治疗方法，并将其记入自己的著作之中，深受后世推崇，对中国临床医学的发展起到了重要的推动作用。

救治完年轻人，天已大亮，张仲景没再回客栈休息，而

第二章 游历四方，博采众长

是迎着冉冉升起的朝阳向目的地奔去。在路人的指引下，张仲景来到了修武县西南的一个小村庄，见到了那位精通导引、吐纳、针灸、膏摩之术的老人。

老人姓冯，不识字，他的治疗技艺全是祖传的。听说是南阳张仲景来访，老人高兴得眉开眼笑——谁不知道张仲景是远近闻名的神医啊！

张仲景向老人行过礼后，开门见山地说明了来意。老人听说张仲景是来拜师学艺的，爽快地答应下来。老人很是谦虚，对张仲景说："老朽大字不识一个，哪能当你的师父。我只会一些简单的针法，为乡亲们治疗一些小病；再有就是从山上采些草药，自己熬制，帮乡亲们医治外伤。不过，祖上的确传下一些治疗技艺，我可以把它们都教给你。"

张仲景高兴地在老人家里住下来，一住就是三个月，老人也很慷慨，把自己所掌握的治疗技艺倾囊相授。张仲景学成后，将这些治疗技艺发扬光大，为我国保健养生领域的发展作出了卓越的贡献。据说现代的太极拳、太极剑等体育运动项目，就是根据导引、吐纳、膏摩等治疗技艺发展而来。

隐士赠方

张仲景不仅善于广采博集,从医学典籍和古方中搜集治病的良方,而且谦逊好学,不放过任何一个学习探索医术的机会,也正因为如此,他才能成长为医术高超的一代名医。

一个春暖花开的早上,张仲景又背起行囊出发了。这次他的目的地是京城洛阳。

张仲景这次前往洛阳,原因有两个:一是已移居洛阳的恩师何颙患了重病,家人请遍洛阳城内的医生来为何颙治病,可何颙的病情始终不见好转,只得写信向张仲景求救;二是他听说洛水岸边有一个对医药颇有研究的隐士,一直想去拜访,便想趁此机会前往请教一番。

经过几日的晓行夜宿,张仲景来到了洛阳。他不顾旅途奔波劳累,马不停蹄地赶到何颙家中,为何颙细心诊脉,而后皱着眉道:"先生一定是旅途劳顿,遭逢大雨了吧?"

"正是,仲景!"何颙没想到仅靠把脉,张仲景就能说出自己的病因。

第二章 游历四方，博采众长

"先生淋雨之前，还与朋友一起饮了酒，下酒之物应该是鸽肉。"张仲景再次语出惊人。

何颙连声道："是的，是的。"他惊叹张仲景对自己的病情竟然了如指掌，就如同他一直和自己在一起，亲眼看到了自己得病前前后后的一些细节一样。

找到了病因，张仲景立即开出药方，并亲自煎药，伺候何颙服下。两天后，何颙的病就好了。何颙感慨道："仲景真是了不起啊，年纪轻轻就习得如此精湛的医术，堪称当世神医啊！"他逢人便夸赞张仲景一番，就像夸赞自己的孩子一样，一脸的自豪与骄傲。

何颙康复后，张仲景恳请他带自己去拜访洛水岸边的那位医学隐士。隐士姓杨，知识渊博，爱好广泛，尤其对医药颇有研究，而他恰好与何颙是至交好友，于是何颙欣然答应了张仲景的请求。

二人沿洛水逆流而上，很快来到一片小树林中，只见一间精致的茅屋矗立其间。张仲景心想，这应该就是杨隐士的住所了。他打量了一番四周，顿时被眼前的景致所吸引，只见茅屋门前的一块空地上，一位精神矍铄的老人端坐椅中，正全情投入地吹着洞箫，箫音清脆悦耳，悠扬婉转；一群白鹅随着箫音悠闲地漫步，似乎在倾听老人吹箫，没有一只白鹅发出刺耳的叫声。

待箫声停下后，张仲景上前施礼："晚辈张仲景拜见先生。"何颙也在一旁为张仲景引见。

杨隐士闻言赶紧起身，扶起张仲景，激动地说："张仲景？你就是能起沉疴、愈痼疾的张伯祖的徒弟张仲景？"

杨隐士紧紧地抓着张仲景的双手，一摇再摇，眼睛里滚动着炙热的泪花。原来他早就听说过张仲景的事迹，知道很多关于他用心为百姓治病，用精湛的医术解除病人痛苦的故事。老人的外孙曾患浸淫疮（一种难治的皮肤病），几乎丧命，正是张仲景治好他的疮，救了他一命。

三人分宾主坐定，高兴地谈起来。杨隐士与张仲景虽然年龄悬殊，经历不同，但说文论医与张仲景有颇多共同语言，两人聊得相当投机。

聊着聊着，杨隐士突然站起身，快步走进屋里，从书架上抽出一捆用黄布包着的竹简，兴冲冲地捧给张仲景说："这是我的一位旧友王太医生前留下的，上面记录了他多年行医所用的奇方妙药。老朽独居这洛水之畔，每天以吹箫、养鹅度日，留此竹简也无多大用处，不如送给公子。若这些药方日后能为你济世救人派上用场,也算是对老朽的一点慰藉。"

张仲景惊喜万分,恭恭敬敬地从杨隐士手中接过竹简,再三道谢。据说竹简上记录的不少药方都为张仲景后来所用,其中最有名的是八味肾气丸,被张仲景写进他的医学著作,一直沿用至今,为守护、增进人们的健康发挥着作用。

茅山奇遇

张仲景不仅四处拜访名医,学习他人之长,而且经常深入民间,一边为百姓们看病,一边探寻各地秘方。

有一次,他在一个村子里为百姓看病时,听人说茅山清云观有一位老道长在治疗消渴症(即糖尿病)方面有很高的造诣。张仲景听了很心动,决定去拜访老道长。

第二天一早,张仲景便出发了,经过长途跋涉来到茅山清云观,找到了那位老道长。

老道长早就听说过张仲景的大名,现在见张仲景来访,内心十分激动,赶紧将他引进道观,热情地接待了他。两人都性格豪爽,不拘小节,加上都喜欢医学,很快就聊到了一起，而且越聊越投机，聊古今中外，聊医学医理，唯独没有聊起消渴症的治疗。

古代大医都非常珍视自己创制的秘方，不会轻易将秘方传给他人，即使是自己的徒弟也不例外。最典型的例子就是扁鹊拜师十余年后才得到了师父长桑君的经方。司马迁在《史记·扁鹊仓公列传》中对此事作了记载："长桑君亦知扁鹊非常人也。出入十余年，乃呼扁鹊私坐，间与语曰：'我有禁方，年老，欲传与公，公毋泄。'扁鹊曰：'敬诺。'乃悉取其禁方书尽与扁鹊。"

张仲景行医多年，自然懂得行业内的"规矩"，知道老道长不会轻易将秘方传授给自己，所以没有强求，只是和老道长谈医论方，希望从老道长身上多学点医学知识。他谦恭的态度，给老道长留下了深刻的印象。

张仲景在清云观住了几天，了解到道观的后山上生长着许多珍奇的药草，于是不顾山高路险，前往后山。后山人烟稀少，无人打扰，张仲景专心致志地采药，很快就采集到了不少珍贵的药草。

张仲景只顾埋头采药，完全忘记了时间。不知不觉天色已晚，他只好匆忙下山。背着一大筐药草，归途明显没有来

第二章 游历四方，博采众长

时轻松，没走多远他就累得直喘气。见前面有一个三岔路口，他便走过去，坐在岔路口上休息。

忽然，张仲景发现离他不远处的一块石头上坐着一个须发皆白的老人，他赶忙起身过去打招呼，却发现老人面色蜡黄，身材瘦削。张仲景询问老人是否哪里不舒服，没想到老人对张仲景说："您是张神医吧，我是专门在此等您的。"

原来，这位老人本是一个闲散野人，住在山林之中，人称"老猿"。他身体本来就非常虚弱，如今又得了心绞痛，身体越来越差，可是附近的郎中都不愿给他医治。他听说张仲景来到茅山，便特意在这里等候，希望能得到张仲景的救治。

知晓了事情的来龙去脉后，张仲景欣然为老人把脉。诊断良久，张仲景又向老人问询了许多细节，对老人的病情有了了解，之后从身上掏出一颗药丸让老人服下。两人分别时，张仲景又给老人留下了好几颗药丸。回到道观后，张仲景跟老道长讲述了老猿的事情。老道长听了，对张仲景的人品深感佩服。

几天后，有个小道童跑来告诉老道长，说门外有一位老人扛着一根大木头前来拜访，并声称是专门来拜谢恩人张仲景的。张仲景闻言，连忙跑到观门前，一看来人正是老猿，就热情地邀请他到观中坐一坐。老猿委婉地谢绝了，将木头送给张仲景，又向他连磕了几个头，便转身离开了。原来，老猿服了张仲景送的药丸后，很快恢复了健康，他很感激张神仙的救治之恩，就扛了一根木头到道观来，向张仲景致谢。

老道长非常佩服张仲景的高尚医德，当天晚上就邀请张仲景到自己房中相谈。二人谈了很长时间，其间，老道长向张仲景传授了治疗消渴症的秘方，还送给他许多珍贵的秘方，这些秘方都是他多年来搜集、总结出来的。老道长语重心长地对张仲景说："当下社会风气日益败坏，百姓生活在水深火热之中，贫道将这些秘方悉数交给你，希望你能好好利用，去帮助更多的百姓解除病痛。"

第二天一早，张仲景千恩万谢地拜别老道长，并将老猿赠送的木头通过驿站转运到自己家中。临别之际，他向老道长承诺，一定尽自己所能，去拯救天下需要帮助的百姓。

回到家中后，张仲景才知道老猿赠送的木头其实是一根极其珍贵的千年桐木，内心既感动又震惊。他用这根木头做了两把漂亮的琴，一把用来感谢老猿赠桐木之情，起名"猿"；一把用来纪念老道长赠送秘方之谊，起名"万年"。

喜得奇书

有一年,张仲景游历到汤阴,特地来到扁鹊的墓地,凭吊这位医术高超、医德高尚的神医。

扁鹊墓位于汤阴县城东南的一片苍松翠柏中,坟墓上长满了蓑草,墓前矗立着一块冷冷的石碑,上面刻着扁鹊的名字。

望着寂寞冷清的扁鹊墓,张仲景不禁想起了自己在古籍中读到的关于扁鹊之死的故事。

扁鹊凭借高超的医术,为很多百姓治好了病,把他们从疾病的痛苦中拯救出来,在百姓中享有很高的声望。但是扁鹊也因此招来了那些宫廷庸医的嫉妒和仇视,最终惨遭杀害。

事情的经过是这样的:

秦武王在与人比赛举鼎时,不小心扭了腰,疼痛难忍,虽经李醯等太医多番诊治,仍毫无效果。恰好这时扁鹊来到秦国,秦武王听说扁鹊医术高超,便派人请扁鹊入宫为自己诊治。扁鹊稍作诊断,在秦武王的腰间用力推了几下,秦武王立即就行动自如了。扁鹊又开了一剂汤药,秦武王服下后,腰就完全好了。

秦武王非常高兴,想留扁鹊在宫中当太医令。李醯知道后,担心扁鹊会取代自己的职位,便在秦武王跟前进献谗言,诋毁扁鹊是一个"草莽游医",靠招摇撞骗混饭吃,没什么真本事。秦武王听了将信将疑,但还是想留扁鹊在王宫。

李醯为此寝食难安,在心中发狠道:"我一定要除掉扁鹊,不能让他挡住我的前程。"他开始谋划除掉扁鹊。

李醯打算派自己的家丁去刺杀扁鹊,可是被扁鹊的弟子察觉,刺杀计划失败。李醯仍不死心,继而想出了一个借刀杀人的毒计。

他有一个家丁为人仗义,深知扁鹊在百姓中的声望,对扁鹊很尊重。李醯知道直接让这个家丁去杀扁鹊,家丁必定不愿意,于是便一步步诱导他说:"我平时待你如何?"

"老爷待我可谓恩重如山,要不是老爷当年收留我,我哪能过上如今这衣食无忧的日子。"家丁讨好道。

"那就好,我有件事想请你帮忙,可以吗?"李醯问道。

"老爷,有什么事尽管吩咐,我一定竭尽全力办好。"

李醯满意地点了点头,压低声音道:"我有一次去给患者治病，途中一伙强盗打劫了我，我差点被他们害死，至今还心有余悸。我刚刚在一家客栈里看到了那伙强盗的头目。你报答我的机会来了，我想请你过去悄悄把那个强盗头子杀了。"

"啊，竟然有这样的事？此贼实在是胆大包天。我这就去杀了他，为民除害。"家丁义愤填膺地说道。

李醯将家丁带到一家客栈的大门口，指着里面的扁鹊师徒说："瞧见没有，那边正中间的那人就是强盗头子，你悄悄从后面过去，一刀就能结果了他。你最好等我走后再动手。"

家丁站在原地等了一段时间，估计李醯到家后，就持刀猛地向扁鹊冲过去……就这样，一代名医扁鹊不明不白地被人杀死了。

扁鹊被杀的消息很快传开了，人们都感到很痛心，声言要找出凶手加以严惩，为扁鹊报仇。家丁这才发觉自己被李醯骗了，懊恼之下，他发疯似的跑到大街上，大声叫喊道："扁鹊是我杀的，是李醯让我杀的……"

张仲景读到此事时，也悲痛不已。如今来到扁鹊墓前，他心中涌起一阵悲哀，忍不住跪在墓前呜咽出声："前辈啊,您用高超的医术救治百姓,不图名不贪利,老天为何要让你遭遇如此不幸啊?难道做一个救济苍生的医生也有错吗?……"

"这位公子请起,何故在此哭泣啊?"一位慈眉善目的老人出现在张仲景身边,伸出双手将他从地上扶起来。

张仲景一边抹泪,一边向老人行礼道谢:"多谢老人家关心!"

"公子是扁鹊之后吗?"老人疑惑地问。

"不是的,我来自南阳,叫张仲景,只是为扁鹊的遭遇感到悲哀,才忍不住哭了起来。晚生失态了,老人家莫笑!"张仲景回答道。

老者闻言,又惊又喜:"原来你就是张仲景,幸会幸会!老朽也十分敬仰扁鹊先生的为人,同情他的遭遇,所以在不远处搭建了一间茅屋,想多陪陪扁鹊先生。不知公子可愿意到寒舍一叙?"老者热情地邀请张仲景到他的茅屋中做客。

张仲景跟着老者来到茅屋前,一进门他就被眼前的景象惊呆了,只见不大的屋子里,墨香四溢,很多书简整整齐齐地排列在书架上。看来这位老人也是一位博学多识之人。

"呵呵,老朽平时就喜欢读点书,不知不觉就读了这么多。小先生,你肯定喜欢读扁鹊先生的著作吧,不知你都读了哪些?"老人见张仲景一进屋就盯着那些书简看,便开口问道。

张仲景谦恭地回答:"不多,不多。"随后向老人报出自己读过的扁鹊的著作。

老人见眼前这位年轻人既诚实又谦逊,不禁对他大为欣赏,就将自己收藏的扁鹊的著作找出来,让他随意翻阅。张仲景如获至宝,尤其是看到那部《扁鹊难经》时,他更是爱不释手,一边读一边连声叫好,"好书,好书……写得太好了!"

张仲景在老人家里待了很久,直到把那部《扁鹊难经》快背熟了才起身告辞。老人将张仲景送到大门口,突然又说道:"小先生请稍等一下,我去去就来!"说完他就返身向屋内快步走去。

很快,老人又走了回来,手里多了一束竹简。他对张仲景说:"老朽看你反复诵读这部《扁鹊难经》,想来是相当喜欢了。我也极为喜欢它,思前想后,我觉得还是应该把它送给你。"

"不,不,君子不夺人所爱,晚辈岂能要您心爱之物?"

张仲景推辞道。

"你拿去吧,在我这里,它只是一部古籍,无法发挥它的价值。但在你手中就不一样了,我相信你一定能将扁鹊先师的医术发扬光大,望你日后不负老夫所望。"老者满含期待地说。

"多谢老人家。"张仲景接过竹简,内心欣喜若狂。

后来正如老者所说,《扁鹊难经》在张仲景手上发挥了很大的作用,他的很多医术理论都得益于这部书。

司马迁

司马迁（前145年或前135年—？），左冯翊夏阳（今陕西省韩城市）人，西汉时期伟大的史学家、文学家、思想家。

司马迁自幼在父亲司马谈的指导下读书习字，阅读《春秋》《左传》《国语》等书籍。20岁时他开始游历天下，足迹遍及祖国大江南北，沿途考察名胜古迹，调查风俗民情，访问民间老人，搜集历史遗事，为他日后撰写《史记》打下了坚实的基础。他结束游历回到长安后，被汉武帝任命为郎中，奉命出使西南，筹划建设新的郡县。父亲去世后，司马迁继任父亲司马谈的太史令一职，开始阅读朝廷书库中所藏的典籍，并搜集史料，准备撰写史书。

太初元年（前104年），司马迁与公孙卿等人向汉武帝上书，建议废弃过去的历法《颛顼历》，定制新的历法。在汉武帝的授意下，司马迁与公孙卿等数十人一起制定了以正月为岁首的新历"太初历"。

天汉三年（前98年），司马迁因为替投降匈奴的李陵辩解而触怒汉武帝，被逮捕入狱，处以腐刑，于太始元年（前96年）出狱，担任中书令一职。之后，司马迁忍辱负重，"究天人之际，通古今之变，成一家之言"，以非凡的毅力撰写了中国第一部纪传体通史《史记》（原名《太史公书》），对后世史学的发展产生了巨大影响。

扁鹊脉法

扁鹊擅长望、闻、问、切之术，尤其擅长脉诊，他根据自己多年的行医实践，总结出了一套行之有效的脉诊方法，后世称之为"扁鹊脉法"。

扁鹊善于诊脉为世所公认，《史记》中称赞扁鹊："至今天下言脉者，由扁鹊也。"《淮南子》中也赞扬扁鹊："所以贵扁鹊者，非贵其随病而调药，贵其摩息脉血，知病之所从生也。"

扁鹊脉法包含诊脉动、诊脉气、诊脉象三个层次。诊脉动是指用指尖感知脉搏跳动的规律；诊脉气是指用三指感知人体下部之气的寒、凉、温、热、平、湿、滑、风、麻、刺、疼、黏、冲等特性；诊脉象是指用心感知指下界定的人体器官部位的气象。脉象诊断是扁鹊脉法体系的最高层次，为扁鹊脉法的精髓。

扁鹊善于根据脉搏跳动次数的变化规律来推测人体内阴阳之气的盛衰转变情况，诊断人的健康状况。他明确指出："呼吸定息，脉五动而和缓为常，即阴阳匀停平和。若五至而紧则为夺气。七至为离经，七至而紧为夺血。九至为夺精，九至而紧为夺形。十一至为死。"

扁鹊脉法全部采用独取寸口诊法。寸口又称"气口""脉口"，是指桡骨茎突内侧一段桡动脉。寸口诊法就是单独切按寸口的搏动,根据其脉动形象,推测人体生理、病理状况的脉诊法。扁鹊脉法集当时脉学之精华,对后世脉法的发展产生了深远的影响。

第三章

采集百草，救死扶伤

随着阅历的增加,张仲景发现人们用到的许多药材药效都很差,于是效仿神农,到一些名山大川去采集百草,寻找良药,为百姓提供更好的药材。他刻苦钻研医术,治疗技艺不断提高,救治的病人越来越多,名气也越来越大。

采集百草

张仲景从小就在书中读过神农尝百草的故事，非常敬佩神农的勇敢与智慧。随着医学知识的增长和行医经验的丰富，他发现药堂里出售的很多药材效果极差，甚至有不少药材对疾病根本没有治疗效果。张仲景决定学习神农，到名山大川中采集百草，寻找良药，为病人提供疗效显著的药材。

张仲景首先去了家乡的桐柏山。桐柏山山峰连绵，林木蓊郁，张仲景心想，如此风水宝地，肯定藏有不少灵草珍药。

张仲景沿着陡峭的山路，艰难地向山顶攀登。到达山顶后，他四下打量，突然看见前方一片绿色植物中有很多红色的小果实。"似乎是某种植物成熟的果实，说不定就是上好的药材呢！"张仲景自言自语道。欣喜之余，他急步奔了过去，丝毫没注意脚下的路，结果被一块石头绊了一下，重重地摔倒在地，顺着山坡滚了下去。幸亏他身手敏捷，飞快地抓住一根藤蔓，否则非摔个粉身碎骨不可。但他也摔得浑身疼痛，衣服被树枝、藤条划得破烂不堪。

他顾不上身上的伤痛，重新站起身来，以顽强的毅力一步一步地向山顶攀登，再次登上了山顶，来到那片长满红色果实的绿色植物处。"天啊，好大一片枸杞！"张仲景连忙蹲下身，小心翼翼地采摘起来。

古籍中记载，枸杞是一味良好的补药，可以滋补肝肾，明目润肺。一下子得到这么多的枸杞，张仲景高兴得手舞足蹈，身上的伤痛也忘得一干二净。

张仲景知道，采药肯定要去神农架，他对神农架神往已久。神农架位于我国湖北境内，里面林木葱茏，是野生动植物的乐园，生长着无数的珍贵药草。张仲景从桐柏山采药归来后，又前往神农架，准备效仿神农，亲尝百草。

张仲景身背背篓，手握镰刀，腰系绳索，沿着林间小道走进了神农架这座绿色的王国。

他一路走，一路采摘药草，还时不时地品尝一下。这里的药草太多了，他一个劲儿地采摘，竟然忘记了时间，不知不觉夜幕降临。神农架是野兽出没的地方，到了晚上，很多

第三章 采集百草，救死扶伤

野兽开始出来活动、觅食，林中不时传来几声虎啸狼嚎，提示张仲景危险随时会发生，他不得不寻路返回。

夜色越来越浓了，张仲景心里焦急，加快了脚步，匆忙中他被一根"藤蔓"绊倒了。他想扯开那条"藤蔓"，随手一摸，没想到摸到了一个软软的、滑腻的、冰凉的东西，原来绊倒他的不是藤蔓，而是一条蟒蛇。张仲景顿时冷汗直冒，慌不择路地逃跑，一只鞋子也跑丢了。

张仲景根据自己的记忆，在林中探索着往回走，好不容易才找到了返回的路。这时，不远处传来一阵鸡叫声，这意味着村舍近在眼前，张仲景欣喜不已，不由得加快了脚步。突然，他"啊"的一声，一脚踏空，掉进了一个陷阱里，随即晕了过去。等张仲景再睁开眼睛时，发现自己躺在了一户农夫家中，一位老人正在替他的伤口换药。

经过和老人交谈，张仲景才得知自己昨晚掉进了一个陷阱里，摔昏了过去。这位老人恰好带着一个徒弟进山打猎，在陷阱里发现了他，便将他救上来背回自己家中。

张仲景对老人感激不已，正要起身拜谢，却发现自己浑身酸痛，根本动弹不得。老人温和地说："快躺下，不要乱动，你受伤不轻，得好好休养才行。不过，我已经给你的伤口敷了药，药是用从神农架采集的药草熬制的，对外伤疗效不错。用上两天，你身上的伤口就能结痂愈合。"

过了两日，果真如老人所言，张仲景身上的伤口愈合了，人也能下床活动了，他郑重地拜谢了老人的救命之恩。老人非常喜欢这个真诚、谦和的年轻人，便和他多聊了一些。从老人口中，张仲景得知他是一位隐士，闲来无事，经常进山采集一些药草回来熬制创伤膏，救治了不少附近的百姓；老人早年还收养了一个孤儿，名叫陈梧，现在给老人当徒弟，时常跟随老人进山采药、打猎。

张仲景也向老人作了自我介绍，并向老人说明了自己来神农架的目的。老人虽然隐居山林，但也听说过南阳张仲景的大名，对张仲景的医术医德佩服不已，因此在听了张仲景的自我介绍后，又惊又喜。为了让张仲景不虚此行，老人又带着他再次进入神农架，采集了许多珍贵药草。回到住处后，老人又送给张仲景许多珍贵的药物标本。

等身体完全康复后，张仲景向老人辞行。临别时，老人请求张仲景收陈梧为徒："小徒在医药方面还算有些天赋，让他继续在这里陪我，只会耽误了他的前程。你将他带走吧，教他习得更多治病技艺，以救济更多百姓。"

没等张仲景回答，老人马上示意陈梧向张仲景行拜师礼，认张仲景为师父。事发突然，张仲景一时不知如何应对，他思忖良久，最终收下了陈梧这个徒弟。

疗愈心病

有一年，张仲景决定再次前往京都洛阳寻访名医，拜师学艺。

洛阳是都城，张仲景认为这里必定繁华异常，名医汇集。但他到洛阳后，不仅没有看到自己想象中的繁华景象，也没有访到名医，只因不久前洛阳刚刚经历了一场大水灾，许多人遇难，街上到处都是乞讨的人，郊外的野地里堆满了饿死或病死之人的尸体。

看着眼前的悲惨景象，张仲景哀叹道："当今朝纲颓废，宦官弄权，灾祸不断，士大夫、太医们却追名逐利，唯利是图，哪里还管百姓的死活，实在是可悲可叹……"

他也做不了太多的事，只能尽己所能地救治百姓。不论贫富贵贱，不论白天黑夜，只要有病人求医，他都有求必应。

一天夜里，忙碌了一天的张仲景刚刚睡下，门外就响起了一阵急促的敲门声。他打开门一看，一个七八岁模样、衣衫破旧的男孩站在门口。男孩一看到张仲景，立刻哽咽道："先生快救救我，我要死了。"

张仲景赶紧拉男孩进屋，让他坐下，为他诊脉。可是，张仲景诊了好几次，发现男孩只是长得瘦小，并没有其他疾病，于是问道："你哪里不舒服，为什么说自己要死了？"

"前段时间我爹娘都病死了，现在家中只剩下我和一个眼瞎的奶奶。当初为了给爹娘看病，家里值钱的东西都卖了，现在家中缺粮少钱，日子难过得很。这些天来，我整日都觉得胸闷气短，头冒虚汗，邻居们说我一定是得了重病，活不长了。先生，我不能死啊，我奶奶眼瞎，还等着我照顾呢！"男孩呜咽着说。

张仲景一听就明白了：这个男孩得的是心病。一个七八岁的孩子，没了父母，家境穷困，还得照顾眼瞎的奶奶，怎能不心事重重、胸闷气短呢？他想了想，对男孩说："你回去采摘一些白茅根，清洗干净，再晒干就可以了。"

男孩疑惑地问："只是晒干，不用吃吗？"

第三章 采集百草，救死扶伤

张仲景笑着摇摇头："不用，晒干后，你把白茅根收好，半年后再来找我。"

男孩将信将疑地离开了。临走时，张仲景又送给他一些银两和米面。

这个男孩名叫李生，回到家后，他乖乖地按照张仲景说的，到野外挖了许多白茅根，到河边洗干净，然后拿回家铺到屋外的场地上晒干。由于张仲景没有告诉他要挖多少，他想着应该是越多越好，就把附近土地里的白茅根全都挖回家。

没过多久，洛阳有很多人都生了病，咳嗽、发烧、恶心、呕吐，而且这病还会传染。人们纷纷来找张仲景看诊，张仲景忙得不亦乐乎，诊脉、问询、开方……他给大家开的药方里有一味共同的药——白茅根。起初他都是自己为病人提供白茅根，或是让病人去药店购买，可是后来病人实在太多了，白茅根供不应求，很多人寻遍全城的药店也买不到白茅根。就在大家急得像热锅上的蚂蚁时，张仲景告诉大家，可以去找一个名叫李生的男孩购买白茅根。

这天，李生一大早起床，打开门一看，门外站着一大群人，纷纷开口向他购买白茅根。李生高兴坏了，不过，他没有利欲熏心，对穷苦人只收极少的钱。这场疫病使李生赚了不少钱，他和奶奶的生活也得到了改善，他胸闷气短的毛病也不知不觉消失了。

李生是个聪明的孩子，他终于明白了张仲景当初让他挖白茅根的原因，于是提着一些礼物去感谢张仲景。张仲景笑着让他把礼物带回去，并向他解释了当初自己让他那样做的原因。

作为一位医者，张仲景深知大灾难之后会有疫病流行的道理，而白茅根有凉血止血、清热生津的功效，对于治疗一些传染性疾病有良好的效果。张仲景当时想，小男孩李生身体没有出现毛病，只是心理有些问题，如果直接将内情告诉他，他肯定无法理解，还不如说一个善意的谎言，让他去挖白茅根，算是给他一个鼓励和希望。

从这件事可以看出，张仲景不仅有着杰出的医学才能，而且还有全心全意为病人着想，想方设法解除病人痛苦的医者仁心。

孟津救童

张仲景在洛阳滞留了一段时间,因为每天忙着救治百姓,所以没能实现自己拜访名医的愿望。于是,他决定溯黄河而上,调查黄河沿岸的风土人情,顺便考证疾病的发展与地方的风土人情、人们的生活习惯及居住环境之间的关系。

一天,张仲景投宿在黄河岸边的一个渔民家中。淳朴的渔民热情地招待了张仲景。晚上,张仲景被安排在一间简陋的小屋里休息。他刚躺到床上,就隐隐听到屋中有病人的呻吟声,他仔细嗅了嗅,发觉空气中夹杂着痰腥味。他怀疑这户人家中有病人,于是起身去询问那个渔民。渔民一脸忧愁地告诉他,自己的妻子已患病多日,虽多方求医,却一直不见好转。张仲景听了,对渔民简单地作了自我介绍,并说自己可以为他的妻子诊治。渔民哪里想到自己接待的投宿者竟是南阳名医张仲景,一时高兴得热泪盈眶。

张仲景先是观察了一下渔民的妻子,发现她说话底气不足,声音小如蚊蝇声,且手足冰凉,嘴角流涎。接着,张仲景又一边给病人把脉,一边询问病人的病情。渔民回答:"内人最近一直大便不通,请了不少郎中,服下汤药后,虽然大便通畅了,但身体并没有康复,竟然无法起床了。"

"她是不是有胃病,吃点东西就会好一些,嘴里还会经常吐清水?"张仲景问道。

"是的,是的,先生真是神医啊。"渔民听了张仲景的问话,感叹道,"这次内人的病终于能治好了!"

这时,张仲景已经确定了病人的病情,对渔民解释道:"她脾胃本就虚寒,你们住在黄河岸边,以捕鱼为生,早出晚归,一不小心就会遭受风寒侵袭,加上她内火旺盛,外寒内热,就会大便不通。之前的大夫为她诊治,只知通便,不治风寒,更不治脾虚,这样只会让她的脾胃更加虚弱,导致大便稀少。时间长了,她的身体就更加虚弱无力。"

随后,张仲景开出了药方。渔民的妻子服用张仲景开的药后,病很快就好了。

后来,渔民感念张仲景的救妻之恩,又极为钦佩他的医德医术,就将自己的儿子送到南阳,拜在张仲景门下学习医术,希望儿子将来也能像张神医那样悬壶济世,救治百姓。

第三章 采集百草,救死扶伤

离开渔民家,张仲景又溯黄河而上,几天后到达孟津。此处的黄河两岸蜿蜒曲折,山势陡峭,水势汹涌,给人一种气势磅礴的感觉。苍翠葱茏间,袅袅炊烟从一排排村舍中缓缓向天空飘散,汇成蓝天上朵朵美丽的云彩……这里的景色真美啊!张仲景陶醉了,心道:生活在这里的百姓,一定饱受大自然精华的滋养,他们中间一定有很多长寿老人,我要向他们讨教养生之道、长寿秘诀。

为方便两岸人们往来,百姓们造了一种轻便快捷的游船。张仲景踏上了一条游船,同船的是两个男子、一个妇人和一个七八岁的小男孩。小男孩十分可爱,举止彬彬有礼,还会唱不少动听的歌谣……

游船向对岸驶去,不料船到河中央时,一阵狂风乍起,随后一股巨浪将游船掀得老高。游船颠簸摇晃不定,小男孩站立不稳,翻落水中。眼看小男孩就要被水浪吞没,说时迟,那时快,张仲景纵身一跃,跳入水中,飞快地游到小男孩身边,一把抓起小男孩,然后奋力游向游船。游船上的人手忙脚乱地将他们一齐拉了上来。

小男孩得救了,孩子的母亲泪流满面地哭喊道:"儿子,儿子，你怎么样了？"

"孩子喝了不少水，还有生命危险，需要抓紧时间抢救。"张仲景说着，立刻俯身去抢救孩子，按压孩子的胸脯，又掐孩子的几处穴位。不一会儿，孩子吐出了不少水，慢慢地睁开了眼睛，见母亲正一脸紧张地看着自己，顿时"哇"的一声哭了起来……

游船很快驶到了对岸，张仲景未作停留，快步上岸离开了，谁也不知道这位勇救落水男孩的人就是大名鼎鼎的南阳医师张仲景。

湿席救婴

张仲景虽然厌恶官场，讨厌贪官污吏，但对那些正直廉洁的官员则是由衷的敬仰。

有一年，张仲景外出游历途经襄阳，刚到城门口就看到很多人聚在一个告示前议论纷纷。好奇之下，他也凑过去看热闹，只见告示上面写道：襄阳知府刚出生的公子昏迷不醒，寻医术高明者上府救治，若能救醒公子，本知府定当重重

第三章 采集百草，救死扶伤

有赏。

张仲景上前撕下告示，当差的立即把他带到知府府上。此时知府家里聚集了许多襄阳城内的老医师，他们一看来了个二三十岁的年轻人，纷纷摇头，心想：真是不知天高地厚，我们这些从医几十年的老医师都治不好小公子的病，你一个毛头小伙子能治好吗？

张仲景没有理会众人疑惑的眼神，径直来到知府小公子的床榻前，认真地为小公子诊脉察看。他沉思片刻，立即叫知府家中的仆人往地上铺一张草席，再打一桶井水洒到草席上，然后把小公子放在冰冷潮湿的草席上。

众人看了都大惊失色，尤其是知府夫人，觉得把这么娇嫩的婴儿放到冰冷的湿草席上，不是要了婴儿的命吗？她惊恐地冲上前去，要把小公子抱回来。

张仲景让人拦下知府夫人，随即拿出一根柔软的羽毛轻轻抚弄小公子的鼻子。不一会儿，小公子就打了一个喷嚏，之后就"哇哇"地哭了出来。知府夫妇喜极而泣，那些自诩医术高超的医师则尴尬地溜走了。

知府想感激张仲景，极力挽留张仲景在自己府上多住几天，张仲景拒绝道："大人，我已经很久没有回家了，十分想念家人，得尽快赶回去才行。"

知府无奈，只得让张仲景回去，并提出要重赏他。张仲景想了想说："医者的职责就是治病救人，本不应该索取回报。既然大人坚持要赏，那就赏我一匹马吧，我想尽快赶回南阳。"

"没问题，本官这就叫人备马去。"知府爽快地答应了，立刻吩咐仆人去准备马，并低声在仆人耳畔如此这般交代了一番。

随后，仆人牵来一匹马，张仲景一看，不禁哑然失笑，原来知府送了他一匹瘦弱不堪且腿脚不便的老马。张仲景没有计较，心想：骑这样的老马回家，估计还没到家，老马就累死了。算了，还是靠我的两条腿吧。于是，他婉言谢绝知府，踏上了回家的路。

经过连日的奔波，张仲景回到了家乡，惊讶地发现他家那破旧的房子居然变成了一座全新的宅院。他赶紧进去询问家人是怎么回事，家人告诉他：前不久有人拉来一堆木材，将他家翻修了一遍，这些人还说他们是襄阳知府派来的。至此，张仲景终于明白了知府为什么要送给他一匹老马，就是不想让他太快回到家。

张仲景和襄阳知府，一个医术高明，一个知恩图报，共同演绎了一则感人的故事，被人们传为佳话。

神农尝百草

神农又称炎帝,中国上古时期三皇五帝之一,姜姓部落的首领,其领导的部落活动范围在黄河中下游一带。神农生活的年代,生产力水平很低,百姓以采食野果、生吃动物为生,经常有人因中毒得病而死,人的寿命很短。神农见此情景,内心非常忧虑,决心找到一种医治疾病的东西,拯救百姓的性命。

一个炎热夏天的中午,神农从一片树林中路过,由于口渴，他顺手从一棵树上摘了几片树叶放进嘴里嚼，结果发现这种树叶很解渴，于是又从树上扯了几把树叶来嚼。不一会儿，神农就感觉喉咙、肚子舒服多了，他断定这种树叶不仅能解渴，还能解毒。这个树叶就是现在泡茶用的茶叶。

自从有了这个发现，神农决心尝遍所有的花草，以明确哪些花草可以治病。他走遍山川大地，翻山越岭，为百姓寻找治病、解毒的药物。他几乎尝遍了所有花草，有时"一日遇七十毒"，中毒昏死过去。在尝百草的过程中，神农辨出了百草的酸、咸、甘、苦、辛等气味，寒、热、温、凉的药性，以及哪些花草有毒，哪些花草无毒，发现了不少具有解毒祛病、养生保健作用的药草。他采来这些药草让中毒、生病的百姓服用，救活了很多百姓。

后来，神农因误尝断肠草中毒而死，葬于长沙茶乡之尾。据说湖北的神农架，就是神农攀登用树木制成的架子，上山采集药草的地方。百姓们感念神农的救命之恩，都尊称他为"药神"。

《神农本草经》

《神农本草经》又名《本草经》《本经》，中医四大典籍之一，是已知最早的中药学著作。它是秦汉时期的医学家搜集、整理、总结当时药物学经验成果而形成的专著，于东汉年间集结整理成书，因托名远古时代的神农氏所作而得名。

《神农本草经》一共3卷，记载了365种药物，包括植物药252种、动物药67种、矿物药46种。全书采用三品分类法，根据药物的性能和使用目的的不同，将药物分为上、中、下三品，上品120种，无毒；中品120种，无毒或有毒；下品125种，大多数有毒。这是我国最早的药物分类法，为后代所沿用。

对于所收录的各种药物的功效及主治疾病，《神农本草经》都进行了简要的描述，其所描述的药物功效，经过后代的临床实践和现代科学研究，证明绝大部分是正确的。《神农本草经》丰富了中医药物学的知识体系，在很长一段历史时期内，它都是医生和药师学习中医药物学的教科书和必读书。

第四章

为官长沙，坐堂济民

汉初平元年（190年），张仲景为躲避战乱，携家人逃难至荆州。经过荆州刺史刘表的举荐，张仲景出任长沙太守。任职期间，他一边为民请命，造福四方，一边坚持行医问诊，为百姓治病，留下了"坐堂行医"这一千古佳话。

投奔刘表

东汉末年,农民起义此起彼伏,割据势力为争夺地盘也混战不休,本就动荡不安的东汉政权岌岌可危。

汉初平元年(190年),张仲景的家乡南阳也陷入战乱之中,先是孙坚率领部下杀死南阳太守张咨,继而孙坚兵败归附袁术。只是袁术当上南阳太守后,不仅不为百姓谋福,反而对百姓敲诈勒索,大肆压迫,百姓们深受其害,无法生活,不得不离家出走,踏上了逃亡之路。

张仲景一家也跟随逃难的百姓们流落他乡,寻求出路。他听说荆州一带经济繁荣,百姓生活安定,便带着家人前往荆州谋生。

当时的荆州刺史是刘表。刘表是山阳郡高平县(今山东省微山县两城镇)人。刘表有两大爱好,一是读书,二是交友。聪慧加上勤学,刘表年纪轻轻就才华出众,受到许多太学生的敬仰与倾慕。在荆州刺史任上，刘表两袖清风，体恤民情，一心为公，深得民心。刘表还在荆州结交了很多名士，并在他们的帮助与支持下，升任荆州牧，成为掌控荆州军政大权的一把手。

刘表心中常思百姓之苦，脑中常谋安民之策。为此，他招贤纳士，弘扬文治，以安定人心，维护荆州的社会治安。同时，他严抓士兵的训练，约束士兵的言行，以免荆州卷入中原的战乱之中。由于荆州北靠汉水、沔水，东至鄂东南，与九江相望，水源充足，刘表便大力发展水军，建立起了一支强大的水军。正是在水军的护卫下，荆州才没有陷入中原的战乱之中。在刘表的治理下，荆州一带繁荣富庶，犹如乱世中的一片净土，引得无数名士前来投奔，除了张仲景外，还有刘备、关羽、张飞等豪杰。

来到荆州时，张仲景已过不惑之年，不仅医术精湛，而且医学理论水平也是登峰造极。在生活重新安定下来后，张仲景又开始忙碌起来，一心一意为当地的百姓寻药问诊，救死扶伤。刘表早就听说过南阳张仲景的大名，对他颇为敬重，这也使张仲景在荆州能够以"治病救人"之术游走于公卿之间。

望眉断病

在荆州,张仲景一边用精湛的医术救济百姓,一边广交俊才贤士,以增长见识,开阔眼界。

中医诊断讲究"望、闻、问、切",而诊断的最高境界莫过于望诊,也就是通过观察病人面色,判断大概病情。比如扁鹊就擅长通过望诊来判断病情。张仲景对扁鹊敬佩不已,经过不断的学习和临床实践,他的望诊功夫也臻至化境。"候色断死期"讲的就是张仲景望诊的故事。

一天,张仲景和朋友在一起聚会,"建安七子"之一的王粲也在座。王粲,字仲宣,山阳郡高平县人。他的祖父王畅与刘表交情很深。王粲听说了刘表在荆州的作为,觉得刘表是当世难得的贤才英杰,对荆州这块世外桃源非常向往,于是前来投奔刘表。起初刘表并没有重用他。郁郁不得志的王粲心里既不甘又愤懑,时常感慨世道不公,忧虑百姓生活困苦,于是写下了著名的《七哀诗》:

西京乱无象，豺虎方遘患。
复弃中国去，委身适荆蛮。
亲戚对我悲，朋友相追攀。
出门无所见，白骨蔽平原。
路有饥妇人，抱子弃草间。
顾闻号泣声，挥涕独不还。
未知身死处，何能两相完？
驱马弃之去，不忍听此言。
南登霸陵岸，回首望长安。
悟彼下泉人，喟然伤心肝。

在荆州期间，王粲一方面对奸佞当道极其愤恨，另一方面感叹自己怀才不遇，对饱受战乱之苦的百姓深表同情。张仲景对朝廷中的奸佞专权乱政、横行无忌的行为也十分痛恨，对老百姓的悲惨遭遇寄予了深深的同情。相似的心境，相似的情怀，使得张仲景和王粲两人惺惺相惜，初次见面就引为知己，之后经常相聚畅谈，互通心曲。

这次聚会，张仲景盯着王粲的面庞看了好一会儿，关切地说道："仲宣，我看你的脸色不是太好，大概是得了疠疾

（即麻风病），应尽早医治。你可以服用五石汤，很快就能治愈。否则，到40岁你的眉毛胡子就会脱落，要不了半年，你的性命就危险了。"他不等王粲说话，就让人拿了几包五石汤药交给王粲。

张仲景虽是王粲的好友，但谁愿意听人说自己有病呢？听了张仲景的话，王粲心里多少有些不快，勉强拿了药包，悻悻地走了。

过了一段时间，张仲景遇见王粲，关切地问："给你的五石汤服了吗？"

王粲神情冷淡，不高兴地说："仲景之言，我怎敢不从？"

"从你的脸色判断，你应该没有服用五石汤。你为什么要讳疾忌医呢？生命如此宝贵，你为何不重视呢？"张仲景语重心长地说，"仲宣啊，此事不容小觑，请你一定要听我一言，按时按量服用五石汤。"

王粲心想："我自己的身体自己还能不了解吗？我长这么大，一直身强力壮，从未患过病，你凭什么说我有病，还要我服用你的什么救命汤药呢？"但他口上还是客气地说："仲景别介意，回去后我一定听你的话，按时服药，放心吧！"

但是，王粲回去后，没有按时服药不说，还将张仲景的叮嘱当作笑话讲给他人听。

汉建安二十二年（217年）春，在曹操手下官拜侍中的王粲须眉开始掉落。短短187天后，他就病逝了，享年41岁，距张仲景让他服用五石汤那年刚好是20年。

这件事传扬开后，人们都为王粲感到惋惜，叹惜他英年早逝，同时也对张仲景敬佩不已，被他那断病如神的精湛医术所折服。

被举孝廉

即使生逢乱世，奸佞当道，张仲景依旧不改初衷，心系百姓，千方百计为百姓解除病痛之苦。

当时，大多数人还没认识到医学的重要性，对医生这一职业也存有偏见，但张仲景不受世俗偏见的影响，坚守自己的职业信仰，一边行医，一边向人们宣讲医学的重要性。他时常对人们说，医学是一种治病救人的学问，从医"对上可以治疗国君和父母的疾病，对下可以解除百姓的疾病和困苦，

第四章 为官长沙，坐堂济民

对自己则可以保持身体健康"。张仲景精湛的医术，拯救很多生命垂危病人的案例，以及他为医学的普及推广所做的宣传工作，使得越来越多的人开始相信医学、重视医学，扩大了医学在社会上的影响力。

所以，当张仲景这样一位胸怀大爱、心系苍生的医学人才来到荆州，又恰逢刘表招贤纳士之时，他怎么可能不受到重视呢？

其实，刘表早就认识张仲景，当年何颙曾带领张仲景拜访洛阳名士，刘表就是其中之一。刘表对张仲景的品格十分了解，当他得知张仲景来到荆州时，立刻就想将其招到自己门下。因此没多久，刘表就推举张仲景为孝廉，希望以此留住张仲景。

孝廉类似于明清时期的秀才，被推举为孝廉是个人步入仕途的重要途径。在东汉，个人想要进入官场，不是通过考试，而是由当地的官吏、名士、望族向朝廷举荐，即察举孝廉。个人在入朝为官前，必须先被推举为孝廉。所以，很多世家大族通常会采取一些诸如买通官员等不正当手段，让自家子弟获得孝廉之名，以入朝为官。

张仲景被推举为孝廉后，很快便被委以官职，但他每天依然悬壶济世，救治患病百姓。对于每一位患者，他都热心接待，细心地为其诊断开方。

一天傍晚，为了舒缓紧绷了一天的神经，张仲景来到郊外散步。时值秋收时节，乡亲们都在田间地头忙碌着，或收割稻谷，或在肩挑稻谷往家中运送……张仲景若有所思地看着在田间忙碌的农民，面露疑惑之色。

他走上前去，关切地询问一位上了年纪的农民："老人家，您家中的年轻人去哪了，为什么让您来挑送稻谷？"

"我儿子当兵去了，孙子还小呢。老朽虽然年迈，但还有些力气，将就着干吧。"老人回答道，话语间满是哀伤与凄凉。

张仲景双眉紧锁，走到另一边，问一个老婆婆："老大娘，您的儿孙为什么不来帮忙收割？"

老婆婆哽咽道："两个儿子两年前都在战乱中死了，前不久官府又将17岁的小孙子拉去当兵，家里只剩下我和老伴，老伴又染了重病，无法起床……"

张仲景听了，不禁摇头叹息，心想：原来荆州也并非乐土，这里的百姓也深受战乱之苦，青壮年男子都被拉去当兵，大多死在了战场之上。想必那些处于战乱中心的地方，百姓的生活更是苦不堪言吧。

想到这里,张仲景顿感责任重大,他暗暗下定决心:如果他日自己当了官,手中有了权,一定以仁义为本,行仁爱之德,救黎民百姓于水火之中,还百姓以安乐。

长沙太守

张仲景有心为民请命、为国尽力,不久他便得到了一个机会。

一天中午,张仲景正在屋中忙着为患者看病,忽然一群人拥进院门,有人大声喊着:"张神医,张神医,你要去长沙做太守了,可喜可贺啊!"

那人话音刚落,就见众人拥着几位官差走了过来,一位官差手捧一份卷轴,高声说道:"南阳张仲景接旨!"

张仲景急步走向前,跪下听旨,只听那位官差宣道:"……特封南阳名医张仲景为长沙太守,即日动身赴任,毋得延误!"

张仲景手捧圣旨,内心五味杂陈。他自幼苦读圣贤书,却始终没有入仕，辜负了父母的期望。他本打算终身不仕，一心一意救济苍生，为民医病，没想到如今年过四十，官位竟不求自来，真不知是该喜还是该忧。"罢，罢，罢，"张仲景暗道，"既然得了官位，我就要尽职尽责地为百姓服务，一心一意为百姓谋福利。"

张仲景立即收拾行囊，往长沙赶去。

长沙历经战乱，百姓生活得极其艰难。就在不久前，原长沙太守张怿企图摆脱刘表的控制，率领部下造反，不巧的是，刘表识破了他的意图，率领大军围攻堵截，击败了张怿。所以，来到长沙后，张仲景看到的是残垣断壁，瓦砾成堆，一派凄凉景象。

张仲景稍作休息后，就来到长沙府衙署翻阅文件，以熟悉长沙民情。这时，有差役来报，说王县令带着厚礼前来拜见。对于这个王县令，张仲景早有耳闻，知道他是个鱼肉百姓、无恶不作的污吏，从来不顾百姓死活。张仲景决定好好惩治一下这个害群之马，以安抚民心。

张仲景让差役把王县令请进衙署。一进大堂，王县令就下跪叩头，谄媚道："参见大人！下官不知大人到来，有失远迎，还请大人恕罪！"

第四章 为官长沙，坐堂济民

张仲景让王县令起身。王县令走上前将随身携带的礼物呈给张仲景，满脸堆笑地说："大人，这是下官送给您的一点小礼物，不成敬意，还望笑纳！"

张仲景没有说话，王县令以为张仲景嫌他送的礼物少，于是压低声音，神秘兮兮地说道："大人，下官所送礼物，有黄金10两，铜钱50串，碧玉古玩8件……日后还望大人多多提携，下官自当感激不尽。"

张仲景根本就没有收礼的意思，当即拍案而起，高声喝道："你这个狗官，本官早就听闻你贪赃枉法，鱼肉百姓，如今又来贿赂本官，真是无法无天！来人，将这个胆大包天的狗官拿下，关进大牢，等我查明罪状，再行判处！"

王县令一下子瘫软在地，连连求饶："大人饶命，大人饶命啊！"

张仲景冷冷地看着他，挥手让手下将他带了下去。

之后，张仲景命差役调查王县令的罪行，将其所犯之罪一一记录在案，然后贴出告示，将王县令的罪状公布于众。很快，王县令的官职被撤销，贪污勒索所得的赃物也被没收。

百姓们知道后，纷纷拍手称快，称赞新任太守是个为百姓着想的好官。

张仲景杀鸡儆猴，惩治王县令，对其他县令也起到了震慑作用，他们不敢再作威作福，危害百姓，百姓们终于过上了安稳的日子。

随后，张仲景又采取了一些安民措施，比如免除百姓两年的赋税，让军队屯田垦荒、开仓济民等等。在张仲景的治理下，长沙一带逐渐恢复了正常秩序，农田增加，庄稼丰收，经济渐渐得到恢复和发展。

坐堂行医

东汉时，长沙太守是长沙郡的最高行政长官，官级三品。但张仲景对做官没有多大兴趣，担任长沙太守后，他没有放下作为医者的责任，而是政务和行医两手抓。平日忙完公务，一有闲暇时间他便坐堂行医，为人看病。

一天早上，张仲景来到大堂，正要开始一天的工作，却发现大堂差役李墨迟迟未到。张仲景有点纳闷：李墨时间观念很强，以前从没迟到过，今天是怎么回事？张仲景正要询

第四章 为官长沙，坐堂济民

问，一个差役汇报说："回禀大人，李墨从昨晚开始就解不出小便，肚子胀得厉害，疼得直不起腰，无法来当值了。"

张仲景一听马上说："赶快带我去他的住处，我来为他治病。"说完率先朝外面走去。

二人很快来到李墨的住处，只见李墨脸色黑紫，正痛苦地呻吟着，在床上滚来滚去。张仲景立即拿出银针，扎向李墨身上的几处大穴，李墨很快就停止了呻吟。

张仲景又在李墨的肚脐上贴了一张膏药，并喂他吃了一颗药丸。不久，李墨有了尿意，去排了尿。随着排尿量的增加，他的肚子消肿了，脸色也变得红润起来。

李墨没想到太守大人会亲自为自己看病，感激之情溢于言表，于是跪下向张仲景拜谢。张仲景连忙搀扶起他，亲切地对他说："医者仁心，我理当护佑你们。你若真想感谢我，就好好当差，多为百姓做点事吧。"

张仲景亲自为下属治病的消息很快传遍了长沙城，赢得城中百姓的一致赞颂。

除了给差役治病，张仲景还救治过犯人。

一天，张仲景升堂审案时，发现一位犯人步履蹒跚，看东西很吃力。张仲景赶紧走下大堂，仔细察看了一下犯人，发现犯人瞳孔散大，立即判断他的眼睛出了毛病，必须尽快治疗，否则眼睛会彻底失明，而且会引发别的病症。于是，张仲景趁午间休息时，让差役将那位犯人带过来，在大堂里为他诊治眼疾。

犯人感动不已，跪在地上一连给张仲景磕了好几个响头。张仲景扶起他说："撇开案子，我是医者，你是病人，我理当为你诊治。作为太守，我也应该救治你，给你一个悔过自新的机会。病愈后好好改过吧，以后要恪守本分，做个良民，让你的家人有所依靠，也不枉我救你一场。"

张仲景在长沙当太守的第四年，长沙一带先是春季闹旱灾，禾苗缺水枯死；到了夏季又开始闹水灾，洪水淹没了许多良田、村庄，无数百姓流离失所，无家可归。随后，瘟疫暴发，长沙、桂阳、零陵等地都遭到瘟疫的侵袭。为了解受灾情况，张仲景决定亲自去灾区巡视。

张仲景带着几名差役，乘坐轿子出了城。刚出城不久，他的轿子就被人拦住了。"怎么停下了？发生了什么事？"张仲景连忙问。

第四章 为官长沙,坐堂济民

一名差役回禀:"大人,一位老婆婆要求见您。"

张仲景心想:她这时来见我,一定是遇到了急难之事。果然,老婆婆跪在张仲景的轿前,叩头道:"参见大人,老身有要事相求。"

张仲景连忙掀开轿帘,走下轿子,将老婆婆扶起来,和蔼地对她说:"老人家,你遇到了什么难事,尽管说出来,本官尽力帮你解决。"

"我儿媳患病好久了,花光了所有积蓄,都没有治好。听说大人是个神医,不仅救治过差役,还为犯人看过病。前几天我去府衙,想请大人救一救我的儿媳,可是没能进去。今天听说大人出城巡视,老身这才过来拦轿,冒犯了大人,还请大人治罪,老身只求大人救救我的儿媳。"老婆婆一边说,一边又跪下不停地叩头。

张仲景赶紧伸出双手去搀扶老婆婆,亲切地说:"老人家,快快起来。事不宜迟,赶紧带我去你家吧,我一定尽力救治你的儿媳。"说毕,张仲景吩咐差役将老婆婆扶进轿中,一行人改道前往老婆婆家。

老婆婆将张仲景带进一间阴暗破旧的茅屋,一股腥臊臭秽之气扑面而来。张仲景快步走到病人床前，伸手为病人诊脉，同时向老婆婆细细询问病人的发病情况。经过一番查问，张仲景心里有了底，转身写下药方，命差役去抓药。药抓回来后，张仲景又亲自将药煎成药汤，让病人趁热喝下。不一会儿，病人的症状就减轻了。

附近百姓听说了太守大人到民间救治病人的事情，都纷纷夸赞他医术高超、医德高尚。

张仲景巡视灾区回来后，命差役在城墙上贴出告示：每月初一、十五两日，太守大人停止办公，在大堂上置案行医。

告示一出，百姓们拍手叫好。从此，每月初一、十五两日，府衙门前就格外热闹，很多百姓前来求医。无论求医者贫富贵贱，张仲景都一视同仁，认真为其诊治，为无数百姓解除了病痛。不仅如此，张仲景还给那些贫苦人家免费送药，并配制了很多药丸分发给百姓，用来预防疾病；若有空闲，他还会给百姓们讲解一些强身健体的知识，并教他们一些锻炼身体的方法。

张仲景初一、十五为百姓看病的举动，赢得了百姓们的一致好评。后来，各地大药堂专门设置看病的医生，称为"坐堂先生",许多药店也改名"某某堂",以此纪念张仲景的义举,弘扬其高尚的医德。

在长沙,除了忙于公务、悬壶济世外,张仲景还忙中偷闲,研究医学、医理,撰写医书。他打算写一本关于医治伤寒病的医书,以帮助更多的百姓。

建安七子

"建安七子"是东汉建安年间(196年—220年)七位文学家的合称,包括孔融、王粲、陈琳、阮瑀、应玚、徐干、刘桢。因为七人曾一同居住在邺城(今河北省临漳县西),所以又称"邺中七子"。

"建安七子"的创作成就,大体代表了建安时期除曹操、曹丕、曹植父子三人外的文学成就。七人中,要数王粲的文学成就最高,刘勰称他为"七子之冠冕",

其作品体现了建安文学的精神。七人中,除孔融与曹操政见不合而被曹操杀害外,其他六人都投奔曹操,想依靠曹操做出一番事业,因而他们的诗作与曹氏父子三人有许多共同之处。

"建安七子"与曹氏父子三人构成了建安文学家的主力,其作品各有特色,在当时被广为传诵,对于推动中国古代诗、赋、散文的发展起到了重要的作用。

孙 坚

孙坚(?—192年),吴郡富春(今浙江省杭州市富阳区)人,东汉末年著名将领,孙权之父,孙吴政权的奠基者之一。

孙坚出身寒门,年少时以勇猛尚武闻名乡里,曾担任过县吏、吴郡司马。中平元年(184年),黄巾起义爆发,孙坚招集士兵千余人,追随右中郎将朱俊到河南镇压起义军,任佐军司马,因征讨起义军有功被东汉朝廷封为长沙太守、乌程侯。

后来董卓挟持汉献帝,乱政专权,孙坚依附于袁术。

当时袁绍、曹操等各地军阀组成诸侯联军，征讨董卓，孙坚率军奋勇前进，多次击败董卓的部队。董卓畏惧孙坚，想要与孙坚和亲，遭到孙坚拒绝。初平元年（190年），董卓胁迫汉献帝迁都长安，并焚烧洛阳。次年，孙坚在洛阳城外大败董卓部队，攻克洛阳，在修复被董卓破坏的东汉帝王陵墓时，获得了汉朝皇帝遗留下来的传国玉玺。初平三年（192年），孙坚奉袁术之命，率军前往荆州征讨刘表，在与刘表部将黄祖的部队作战时，被对方乱箭射杀。

孙坚性情刚烈，武艺高强，有勇有谋，他的作战经历为其家族子弟经略江东奠定了基础，是东吴基业的开创者。

第五章

弃官归乡，悬壶济世

张仲景坐堂行医的做法赢得了百姓们的称赞,却被士大夫、贵族们认为是不务正业、不守本分,遭到他们的百般诋毁、攻击,刘表也向张仲景施加压力,逼迫他招募壮丁,扩充军队。愤慨之下,张仲景辞官回乡,继续行医问诊,一心一意悬壶济世,救治百姓。

愤然辞官

张仲景身为长沙太守,不仅是一个爱民如子的好官,而且是一个体恤百姓的神医,他救下属,治犯人,救济穷人,还定期坐堂行医……他的这些善举赢得了百姓的称赞,却遭到了士大夫、贵族的忌恨。这些人在背后非议、诋毁他,说他这样做是不务正业,不守本分,丢了官员的脸面。

张仲景丝毫不为所动,依然坐堂行医,定期为百姓看病。然而,他的善举不仅为士大夫、贵族所忌恨,也为刘表所不容。

当时,长沙一带在张仲景的治理下逐渐富庶起来,虽然水旱灾害不断,但百姓并没有受到多大的影响。刘表多次命令张仲景向百姓征收赋税,还让他招募青壮年扩充军队,可是张仲景完全不听命令,总是以这样那样的借口敷衍过去。张仲景一而再再而三地抵抗命令,刘表非常恼怒,最后干脆下了死命令，让张仲景迅速招募五万人马，送往荆州，否则就治他的罪。

张仲景痛恨军阀混战给百姓带来了无尽的苦难，他劝谏刘表："长期的战争让长沙千疮百孔，百业荒废，要想恢复长沙的经济，就需要大量的青壮年劳动力。"同时，张仲景还向刘表表明，自己绝不会帮助他去打仗，让天下生灵涂炭，哪怕丢官罢职，也在所不惜。但刘表一心只想壮大自己的势力，做中原霸主，根本听不进张仲景的逆耳忠言。

无奈之下，张仲景愤然辞官，决心回归故里，专为乡亲们治病。

张仲景回到家乡时，正是一年中最冷的时候，寒风萧瑟，滴水成冰。行至白河岸边时，张仲景看到很多路人面呈菜色，骨瘦如柴，不少人耳朵都冻烂了。张仲景见了痛心不已，他回到家后，一边忙着为乡亲们治病，一边琢磨着帮那些路人医治烂耳朵的方法。

不久，张仲景带领徒弟们来到南阳东关，在一片空地上搭起一个棚子，在里面支起一口大锅，说要为那些耳朵被冻烂的人熬煮汤药。这种汤药名为"祛寒娇耳汤"，制作方法是：将一些祛寒的药材放入锅中，加入羊肉、辣椒一起煮，煮到五六分熟后将羊肉和药材捞出剁碎；再擀些圆面皮包成耳朵形象，因其类似人耳，张仲景就将它起名为"娇耳"。张仲景让徒弟们将"娇耳"下到大锅里煮透，让每一个路过的人吃上两个，再喝上一大碗热汤。人们服用后，全身都暖和起来，连耳朵也热乎乎的，再也不会被冻伤了。

后来，每到冬至，南阳一带的百姓便会忆及当年张仲景为大家熬药治病的情景，于是制作出一种酷似"娇耳"的面食，起名"饺子"，有些地方则称作"扁食"和"烫面饺"，以此纪念张仲景为人们祛寒除疾的功德。这一习俗渐渐流传到其他地方，于是冬至这天吃饺子就成了中国民间的一大习俗，并沿袭至今。

驱魔斗鬼

东汉末年，谶纬之学愈演愈烈，巫医、道士也乘势而起，妖言惑众，蛊惑人心。不少贫苦百姓得病后，都以为是"鬼怪缠身"，不再寻求医者诊治，而是请来巫医、道士念咒捉妖，再服用所谓的符水。结果，很多百姓非但病没治好，反而因延误病情而丢了性命。

为人善良且富有正义感的张仲景对巫医、道士深恶痛绝，决心勇敢地与他们作斗争。当时，许多医者为病人诊病，多用五行学说来分析病因，认为"逆木，则百姓流行疥癣、热病；逆火，则百姓血痈成肿，患赤眼……"在这些人看来，有的妇女之所以患上"癔病"，是因为她们被鬼神附体了。这种错误认识不仅严重歪曲了病因，无法为病人提供正确的治疗方案，而且会为医学抹上迷信色彩，对医学的进步和发展极为不利。张仲景决心尽力改变这种不良的社会风气。

有一次，张仲景听说一个妇人终日神情倦怠，不思饮食，痛哭不止。家人请来巫医，巫医断言，妇人被妖魔附了身。于是，他一会儿念咒语，一会儿为妇人喂符水，折腾了好久，妇人的病情不仅没有丝毫好转，反而愈发严重了。

张仲景听说这一情况后，主动来到妇人家中，为妇人诊治。经过诊断，他对妇人的家属说："她患的是内脏阴液不足导致的身体虚弱症，叫作'癔病'，根本不是什么鬼怪附身。你们别担心，这种病只需服上几服汤药就能痊愈。"

稍微停顿了一会儿，张仲景长叹一声："唉，咒语、符水哪里能治病呢？"随后，他给妇人开出了药方——甘麦大枣汤。妇人家属按方抓回药,将药煎好后给妇人服了几次,妇人很快就恢复了健康。

张仲景博学多才,学富五车,能够客观地解释疾病发生的原因,有力地驳斥了巫医们的胡言乱语。

还有一个十来岁的男孩,白天一切都正常,一到晚上睡着了就语无伦次地说梦话。家人以为是鬼神在作怪,忙请来巫医作法,可是根本没有效果。孩子父亲赶紧去请张仲景。张仲景仔细察看了男孩的症状,对男孩家人说:"孩子得的是热病,一到晚上就发热,所以就胡言乱语;到了白天高热退去,就恢复了正常。这世上根本没有什么鬼神,有病就要找医师,不能听信巫医的言论,否则会耽误病人。"

张仲景为男孩开了一个药方。男孩家人将药抓回后煎成汤药,男孩服用几天后就痊愈了。

当地百姓听说这件事后,纷纷前来向张仲景求医问药,很少有人再去请巫医看病了。

张仲景用科学道理解释患者的病因,治疗病人,使人们对医学的认识上升到了一个新的高度,大大推动了中医学的发展。

逆风抗疫

常言道:"大兵之后,必有灾年。"连续不断的战争会导致瘟疫流行。据史料记载,东汉末年30年间,发生了12次全国性的大瘟疫,仅建安年间就发生了5次大瘟疫。在古代,瘟疫就是死神的代名词,瘟疫流行的地区往往尸横遍野,一些城市变成了空城,人们大多死于伤寒病。

那个时候的医疗水平极其有限,对于瘟疫这类可怕的流行性疾病,医生常常感到束手无策。很多人染上瘟疫后因为得不到及时、有效的治疗而丧命。哪怕一个人出身富贵,遇上瘟疫也难以幸免。比如,著名的"建安七子"中的徐干、陈琳、应玚、刘桢,都是因染上瘟疫而离世的。

当时,南阳地区也接连发生瘟疫。对于瘟疫给人们带来的灾难,张仲景深有体会,张家本是个拥有200多人的大家族,但在不到10年的时间里,竟有2/3的人死于瘟疫。在流行的各种瘟疫中,危害最大的要数伤寒病。

张仲景对瘟疫深恶痛绝,更让他痛恨的是那些腐朽的当政者，他们只顾个人私欲，不管百姓死活，从不想办法预防瘟疫、阻止瘟疫的蔓延。为此，张仲景暗下决心，不管统治者如何作为，他一定要潜心钻研伤寒病，制服伤寒这种瘟疫。

张仲景结合自己的临床经验和诊治过的瘟疫病例，认真研读《素问》《难经》等医学典籍，在古籍中寻找能够治疗瘟疫的方剂，但效果并不理想。张仲景没有放弃，他不顾个人安危，深入疫区，仔细观察感染者的症状，认真研究药方，悉心诊治每一位患者，治愈了不少人，为他后来撰写医学著作积累了宝贵的第一手资料。

有一年，汨罗江一带发生了一场大瘟疫，张仲景知道后二话没说，拎起药箱马上奔赴疫情第一线。经过细心观察，张仲景发现染病之人大多上吐下泻，腹痛难忍，皮肤干燥，四肢冰凉，而且发病急骤。看过诸多患者的症状后，张仲景想起了《黄帝内经》中所描述的霍乱症状，认为此次瘟疫正是霍乱，便对症开方，制作了五苓散、理中丸等方药，治好了很多百姓。

就这样，张仲景在汨罗江岸边给百姓看诊，救治疫民。一天，张仲景接诊了一位中年男子，只见此人脸色发黄，肚子鼓大，全身肿胀。张仲景又仔细地察看了他全身，发现他的肝脾肿大,按一按他的肚子,感觉里面好像装满了水,一按直晃动,而且患者声音微弱,精神萎靡。张仲景断定此人得的是鼓胀病(即臌气病),便对病人说:"你这病是因为受了疫毒的侵扰所致,再加上你长期营养不良,所吃食物不干净……我这就给你开药,服完药,你就能好了。"

病人连续服了一个多月张仲景开的药,症状就消失了。康复后,病人拎着礼物来感谢张仲景,张仲景却委婉地谢绝了。他对病人说:"这里正流行瘟疫,你们生活很困难,这些东西你还是拿回去吧,好好补补身子。我常年行医,好歹衣食无忧。"病人感动得热泪盈眶。

还有一年,一场瘟疫侵袭宛城,引起了百姓的恐慌。人们纷纷来求张仲景诊治。

这天,天刚蒙蒙亮,刘员外就派人来请张仲景,说他家儿子生病多日,一直未有好转,近期病情又加重了。到刘员外家有十余里的路程,一路上,张仲景看到许多抬灵、送灵的人,田野间也新添了很多坟茔,景象十分凄惨。此情此景,让张仲景不由得加快了脚步。

走了大半日,张仲景终于来到刘员外家。经过认真诊断,他判断刘员外的儿子得了麻疹,而别的大夫用药不当,导致

第五章 弃官归乡，悬壶济世

其病情加重。

张仲景略作思忖，开出药方，又仔细叮嘱刘员外一番，然后赶紧回家。回家后他没休息，立刻开始为在家等候的病人们诊治。等到送走最后一个病人，夜幕已经降临了。张仲景并没有上床休息，而是就着昏黄的烛火读医书。

刘员外的儿子康复后，刘员外带着厚礼前来拜谢，张仲景没有收下礼物，只是请求刘员外帮他做一件事。

刘员外回去后，按张仲景的要求，派人买回许多黑糖，又让人去宛城中心垒起锅灶，开始熬煮汤药。随后，他张贴了一份告示，在告示上详细说明了所熬煮汤药的名称、疗效、治病范围，什么人配的药方，为什么要分发汤药。告示还强调，此次是免费发药，有需要者都可以来领取。

百姓知道后，纷纷相邀而来，患者连喝了几天汤药后，宛城一带的麻疹患者相继痊愈，其他流行病也逐渐减少。这些病人服用的汤药就是著名的"三根汤"，即在苇根、茅根、蒲公英根中掺入黑糖一起熬煮的汤药，它由张仲景首创，一直沿用到今天。

张仲景的这些抗疫经验，后来都被他写进自己的经典著作《伤寒杂病论》中，为后世的抗疫工作提供了很大的帮助。

见病知源

瘟疫过去后,还有许多病人没有痊愈,张仲景每天在各个山村之间奔波,不辞辛苦地为百姓们看病。

有一次,张仲景遇见一位病人,在详细询问其病情后,发现他有口干舌燥、食欲缺乏、全身疼痛、神志恍惚等症状。张仲景又为病人诊了一下脉,认为病人是病后余热未除,加之平素精神抑郁,以致出现阴虚内热证候。他想起百合有清心安神、养阴润肺的功效,于是以百合为主药为这个病人治疗,结果效果极佳。张仲景将病人所患的病称为"百合病",并在《伤寒杂病论》中对其进行了详细描述:

百合病者,百脉一宗,悉致其病也。意欲食,复不能食,常默然;欲卧不能卧,欲行不能行;饮食或有美时,或有不用闻食臭时;如寒无寒,如热无热;口苦,小便赤,诸药不能治,得药则剧吐利。

第五章 弃官归乡，悬壶济世

为了找到百合病的真正病因，张仲景再次捧起厚厚的古籍医书，认真研读起来。在《黄帝内经》中，他读到百合病有"诸气烦郁，皆属于肺"一说，人郁结不舒，心神不宁，郁火就会上熏于肺，肺郁则阴虚，就会表现出情绪不稳、烦躁不安等症状。找到病因后，张仲景结合自己的行医经验，总结出了治疗百合病的几个药方，如百合知母汤、百合地黄汤、百合鸡子汤、百合滑石散等。张仲景还提出了预防百合病的建议：应从避免精神刺激做起，发病后尽早治疗。

还有一次，有人请张仲景去诊治一个伤寒病人。病人家属向他讲述了病人的情况：8年前，病人身上出现疹子，医师叮嘱病人忌酒肉，可病人没有听从，结果落下了腹泻的毛病。如今又患上了伤寒，病情更加严重，头痛欲裂，夜不能眠，而且腹泻加重，已经7天了还未好转。

张仲景了解病人的病情后，又为病人把脉，发现病人脉象洪大而浮，看病人脸色赤红，精神不振，口干，舌黑。他给病人开了一种叫作竹石石膏汤的药方，药方的份量有些重，仅石膏一项就开了一两。可是病人服用后还是不见好转，张仲景又在药方里加了一两石膏。

病人家属有些担心，指着药方上写的石膏量问道："这石膏是不是太多了？对病人会不会有害？"

张仲景耐心解释道："伤寒是热邪入体所致，是急症，必须立即治愈才行，否则会危及性命。而病人腹泻已8年，腹泻是慢性病，要慢慢调治。我们要先治好他的急症，然后再治疗他的慢性病。"

病人家属这才放下心来，按方抓药，给病人服用。仅一剂药后，病人就能安然入睡了。第二剂药后，病人的病情明显变轻。几天后，病人的伤寒症消失。张仲景立即为病人开了脾肾双补丸方，外加黄连、干葛、升麻，让病人服用。不到一个月，病人的腹泻症状也消失了。

病人一家对张仲景千恩万谢，同时由衷地佩服他的高超医术。

辨证施治

所谓"辨证施治"，即寻找发病原因，结合病人的生理

第五章 弃官归乡,悬壶济世

特点和各种客观因素进行辨证分析,然后采取最恰当的方法为病人治疗。

辨证施治是中医治疗疾病的基本原理,但是以前一直没有形成一套完整、系统的方法,直到张仲景对自己多年的行医实践和治疗经验进行科学总结,提出了辨证施治的具体原则、思路和方法后,辨证施治才形成一套较为完善的中医治疗体系。

辨证施治是张仲景医学思想的核心内容,他提出的辨证施治原则主要包括四个方面:辨证、以病为主、对症下药和调整治疗。辨证施治的思路为:辨别阴阳,查明病人是热性体质还是寒性体质,患的是热病还是寒病;审视病情,搞清病人机体内部的病理变化,查清病因;确定病位,观察发病部位身体器官和组织的变化情况及病症发展趋势;辨清主次,确定主要病症进行主治。

张仲景不仅从理论上对中医辨证施治原理进行了系统的阐述,而且在实践中积极加以运用,取得了良好的治疗效果。

有一年春天,黄疸病肆虐南阳一带,患病人数众多。张仲景带领徒弟们忙得团团转,既要为病人们看诊,还要上山采药,几乎没有休息的时间。

张仲景经过查阅古籍,仔细观察患者的症状,认为黄疸病人除了皮肤、眼睛发黄外,还伴有腹痛、发热等症状,主要是湿热交蒸所致:

病黄疸,发热烦喘,胸满口燥者,以病发时火劫其汗,两热所得。然黄家所得,从湿得之。一身尽发热而黄,肚热,热在里,当下之。脉沉,渴欲饮水,小便不利者,皆发黄。腹满,舌痿黄,燥不得睡,属黄家。

张仲景指出:黄疸病以18天为一个周期,进行治疗后,一般10天左右就能好转。如果10天甚至超过18天还没好转,说明病情严重,很难治愈。病人患黄疸病后,如果出现口渴症状,治疗就很困难;反之,治疗起来就不困难。从体内发病的,病人会呕吐;病发在体表的,病人就会全身恶寒、发热,却极其怕冷。

经过一个多月的诊治,南阳一带的黄疸病基本得到了控制，病人们纷纷称赞张仲景师徒医术高超。后来，张仲景毫无保留地将自己的诊治经验传授给徒弟们，并写入书中。

　　张仲景关于黄疸病的诸多论述，为后世辨证论治黄疸病奠定了基础，至今依然对临床有指导意义。

给孩子读的中国先贤故事：张仲景

《黄帝内经》

《黄帝内经》又称《内经》，是中国最早的医学典籍，也是中国传统医学四大经典之首。约成书于春秋战国时期，相传为黄帝所作，因而得名。实际上它是由中国历代医家共同创作、编撰而成。

《黄帝内经》分《灵枢》《素问》两部分，以黄帝、岐伯、雷公对话和问答的形式阐述疾病机理及治病原则、养生之道。《黄帝内经》全面总结了秦汉以前中国的医学成就，创立了"脉象学说""藏象学说""经络学说""病因学说""病机学说""养生学"等中医学说，它的著成标志着中国医学由经验医学上升为理论医学的新阶段，为战国以后中国医学的发展提供了理论指导，成为历代中医人士的必读之书，是研究中医学的重要文献，也是中华民族宝贵的文化遗产。

《黄帝内经》后来流传海外，被译成日、德、法、英等多国文字，对世界医学的发展也产生了不可估量的影响。

《难经》

《难经》，原名《黄帝内经八十一难》，又名《八十一难》《黄帝八十一难经》，相传成书于战国，为扁鹊所撰。

《难经》的"难"字，意为"问难"（一说为"疑难"）；"经"字指《黄帝内经》。"难经"即问难《内经》。该书通过问答、解释疑难的形式，提出疾病诊治中的一些难点和疑点，然后逐一解释阐发，是对《黄帝内经》相关内容的补充与阐释。论述以基础理论为主，另外也分析了一些病证。该书明确指出"伤寒有五",即中风、伤寒、热病、温病、湿温病。书中关于命门和三焦的见解,以及所论七冲门(消化道的7个冲要部位)、八会(脏、腑、脉、筋、骨、髓、血、气等精气会合处)等名目,丰富和发展了中医学的理论体系。

《难经》内容简明扼要,辨析精深入微,在中医学典籍中常与《黄帝内经》相提并论,与《黄帝内经》《神农本草经》《伤寒杂病论》并称为"中医四大经典著作"。

第六章

化育英才，传承大爱

在数十年的行医历程中，张仲景不仅身体力行地履行自己作为一名医者的职责，一心为百姓治病，而且甘为人梯，注重培育年轻弟子。他不仅向弟子们传授医术，还教导他们要修身养性，以术行医，以德立身。名师出高徒，张仲景一生门下弟子无数，杜操、卫汛二人就是其中的佼佼者。

喜收高徒

在古代,很多治疗经验丰富、医术高明的医者,都非常珍视、保护自己独创的治疗技艺,唯恐别人学了自己的"独门绝技"后会超过自己。因此,他们很少招收弟子,即使招了,也会有所保留,不会轻易将自己毕生所学传授给弟子。但张仲景不是这样,自出师以来,他便有教无类,广收弟子,传道授业,为中医的传承、发展作出了重要贡献。

一个冬夜,寒风裹挟着雪花呼呼地吹打着窗户,忙碌了一天的张仲景坐在桌案前,仔细地整理最近几天为百姓看病时所记录的脉案。

"咚咚咚……"忽然响起一阵急促的敲门声,随即传来一个男子悲泣的叫喊声:"张神医,救命啊!张神医,我儿子快死了,快去救救他吧!"

张仲景快速起身,背起药箱打开门,跟着男子出发了。

夜黑路滑，行走困难，张仲景一个趔趄，"扑通"一声栽倒在地。男子急忙伸手将他扶起来。张仲景这一跤摔得不轻，膝盖摔肿了，手心也被地面擦破了，还流着血。男子看了，既感动又难过，忍不住"呜呜"地哭了起来。

但是张仲景像没事似的，一边快步向前走，一边笑着安慰男子："我没事，救孩子要紧，快走吧！"

到了男子家中，只见孩子的母亲正抱着孩子在痛哭。张仲景不顾满身的风雪与疲惫，疾步上前给孩子看诊，发现孩子全身皮肤出现紫色的斑疹，还发着高烧，人已经昏迷。张仲景又向孩子的母亲仔细询问了孩子发病的表现，然后说："这孩子得了天花，如不尽快医治，会有生命危险。"

说完，张仲景快速地从药箱中取出银针，刺向孩子身上的几处穴位。孩子很快就醒了过来，张仲景又给孩子喂了几颗药丸，孩子渐渐退了烧，脱离了危险。

一年后，张仲景家中迎来了一对父子。见到张仲景，父亲让男孩跪在地上，叩谢张仲景的救命之恩。原来，男孩就是那个寒冷的冬夜张仲景救治的天花患儿，名叫卫汛。

"先生的救命之恩，我们一家一辈子也报答不了，先生的人品更让人敬佩。小儿的命是先生救回来的，我们想将他

第六章 化育英才,传承大爱

送到先生这里学习医术,也能近身侍候先生,不知先生意下如何?"男孩的父亲诚心诚意地说,"先生放心,小儿自幼聪慧,读过不少书,定不会辜负先生所教。"

张仲景见男孩父亲一脸诚意,便对他说:"既然您不怕孩子在我这儿耽误了前程,我倒愿意收下他。"他又严肃地问男孩:"学医是非常辛苦的,你能吃得了这份苦吗?"

男孩眼神坚定地说:"卫汛愿终身跟随先生,刻苦钻研医学,只要有病人来求治,一定有求必应,努力救治。"

张仲景闻言,颔首微笑,他相信眼前这个孩子定能成为一名优秀的医者。

日月如梭,光阴似箭。又是一个初春的晌午,张仲景吃罢午饭,起身走到窗前,眺望远处的景致:碧绿的田野,鲜艳的花朵,湛蓝的天空,洁白的云朵,飞翔的鸟儿……

"唉……"张仲景不由长叹一声。他回想自己当年任长沙太守时的情景,顿时感慨万千,恨不能像当年那样为民办事,为民请命,造福一方百姓,而如今自己只能偏安一隅,靠医术为家乡父老尽微薄之力。

张仲景正感慨时,卫汛进来说:"京兆杜陵(今陕西省西安市)人杜操求见先生。"

"杜操？"张仲景闻言惊喜万分，"快快请他进来。"

张仲景做长沙太守时，就时常听人提起京兆少年杜操，说他见多识广，气度不凡，淡泊谦逊，仁善爱民，是个不可多得的人才。

"杜陵人杜操参见神医太守。"杜操一进门，就朝张仲景深施一礼。

张仲景连忙上前扶住杜操，和蔼地对他说："什么神医太守，不敢当，不敢当。早闻公子大名，幸会呀！"

"当下宦官当权，朝政腐败，加上战争频发，疫病流行，致使民不聊生，晚辈对此深感痛心。"杜操直接说明来意，"我对先生的医术医德钦慕已久，今日来此，是想拜先生为师，跟随先生学习济世救民之术，先生可愿意收下我？"

张仲景本就十分欣赏杜操，现在听说他是来拜师学艺的，满口答应下来："你品行端正，仁心常怀，我能收你为徒，也是一桩幸事。"

从此，杜操成了张仲景的入室弟子，后来也成了汉代的名医。

精心育徒

张仲景一生招收过很多弟子,对于这些弟子,他从不保留自己的医术和治疗经验,对每个人都是倾囊相授、精心培育,就像对待自己的亲生孩子一样。他不仅教给他们医术,还教给他们做人的道理。

有一年初春,南阳暴发了流感。一天,张仲景带着卫汛去为两个流感病人诊治。

张仲景为第一个病人诊完脉后,又让卫汛去诊,并对他说:"他的脉象为紧脉。"张仲景给病人开的药方是"麻黄汤"。

接着,张仲景又为第二个病人诊了脉,然后又让卫汛去诊。张仲景一边给病人开药方,一边问卫汛:"后者脉象如何?"

"脉缓弱。"卫汛回答。

"对,你说的没错。"张仲景点点头,给第二个病人开出了名为"桂枝汤"的药方。

"两个人患的都是流感,为什么要用不同的药呢?因为脉象不一样,前者脉紧,无汗;后者脉缓弱,时不时出汗。这就要同病异治,针对不同的脉象运用不同的治疗方法,使用不同的药方。"张仲景耐心地为卫汛讲解着,稍稍停顿了一下,他又叮嘱道,"身为医者,要根据患者的症状进行辨证论治,病症不同,治疗方法也要不同,这样治疗才会产生良好的效果。"

在张仲景的治疗下,两个流感病人都痊愈了。卫汛也牢牢记住了辨证论治、同病异治的概念,并将辨证论治、同病异治作为自己日后行医治病的指导思想。

有一天,阳光明媚,天朗气清,张仲景带领杜操等弟子去乡村为百姓看诊,行至村口时,他们看见一个老人躺在一块大石头上休息。张仲景让杜操过去询问一下老人,为什么要这样做,不担心被暴晒在太阳下的石头烫伤吗?

杜操与老人交谈了几句,很快回来,对张仲景说:"老人家说他腰腿经常疼。"

"腰腿疼为什么要躺在石头上呢?"张仲景继续问。

杜操想了想说:"可能这样躺着歇一会儿,他就会感觉好一点吧。"

第六章 化育英才，传承大爱

"真是因为这样吗？你再过去问一下老人，看他还有没有别的要说的。"张仲景吩咐道。

杜操不解，但还是遵照师父的吩咐，过去问老人："老人家，你躺在这石头上休息，腰腿痛是不是会好一些？"

"小伙子，我躺在这儿并不是为了歇息，而是为了治疗。太阳把石头晒得热乎乎的，我躺在石头上，热气就会进入我的体内，我浑身也热乎乎的，这样我的腰腿就不痛了，而且舒服极了。这个治疗腰腿痛的方法虽然简单，却非常有效，我们村的人都会用。"老人的一席话，令杜操茅塞顿开。

杜操将老人的话原原本本地告诉张仲景。张仲景感慨道："我们的灸法、熨法应该就是由此而来的。孩子们，医学来源于生活，是对人们日常生活经验的总结。平常你们要细心观察生活，从生活中发现学问，挖掘民间积累的有效治疗经验，这样我们的医学体系才会日益完善。正因为如此，我才会让杜操一次又一次地过去询问老人。"

上述事例可以看出张仲景不厌其烦地教导、栽培弟子们的良苦用心。

一个深秋的夜晚，一阵电闪雷鸣过后，下起了倾盆大雨。突然，一位老人急匆匆地来到张仲景家，气喘吁吁地说道：

"张神医，我儿子突然昏了过去，劳烦您去救救他吧！"

在这样的大雨天，医者一般是不情愿出门为病人看病的。但张仲景听了老人的话后，没有丝毫犹豫，二话不说就摘下挂在墙上的蓑衣，快步向门口走去。

"张神医，这会儿雨下得很大，等雨小点再走吧。"老人没想到张仲景如此干脆，赶紧拉住张仲景。

一个名叫朱留的弟子也不愿师父冒雨出诊，劝阻道："师父，等雨停了再走吧！"

"人命关天，一刻也不容耽搁，快走！"张仲景说着就冲进瓢泼大雨之中。朱留见状，也跟着师父跑了出去。

来到老人家里，张仲景顾不得脱下身上几乎湿透的衣裳，立即为老人的儿子诊治，把脉、针灸、膏敷，忙个不停，还亲自给老人的儿子喂药。一番忙碌过后，老人的儿子终于醒了过来，张仲景这才松了一口气。

回去的路上，张仲景对朱留说："如果有人深夜来求诊，说明病人病得很严重。医者应当毫不迟疑地赶去为病人诊治，否则就有失医者的本分，更别谈济世救人了。"

朱留连连点头称是，从此只要遇到急诊情况，他也会像师父那样，毫不犹豫、风雨无阻地去为病人看诊。

第六章 化育英才，传承大爱

又有一次，张仲景给一位腰痛病人诊过脉后，吩咐弟子韩泽给病人开了几服八味肾气丸回去服用。接着，张仲景又为后面的病人看诊。

不料，病人服药后并没有康复，几天后又来求治。张仲景翻阅这位病人的病历，发现他病情其实并不严重，服药后完全可以痊愈。这是怎么回事呢？忽然，他想起当时由于病人太多，自己没有顾得上检查韩泽开的药方，于是问病人："你服药时感觉有什么味道？"

病人想了想，回道："又苦又涩，还带着一股重重的辣味，难以下咽。"

张仲景赶紧让韩泽找出他为病人开的药方单子，一看单子他就明白了原因。原来，药方中有一味药是山茱萸，韩泽却在单子上误写成了吴茱萸。这样一来，不仅药的味道变了，由酸甜味变成了辛苦味，而且效果也变了，没有产生应有的治疗效果。

张仲景严肃地对韩泽说："韩泽，你将八味肾气丸的八味药都背一遍。"

韩泽流利地背了出来："桂枝、丹皮、地黄、附子、山药、泽泻、茯苓、茱萸。"

张仲景问道:"这里面的茱萸是山茱萸,还是吴茱萸?"

"是山茱萸。"韩泽很自信地说。

"你到药房去,把这两种药各拿一点来。"张仲景说。

韩泽取药回来后,张仲景指着药材对他说:"你先尝尝它们各自的味道。"

韩泽先尝了尝吴茱萸,顿时明白过来了,脸一下子涨得通红。师父曾多次强调,药味不同,功效有别,吴茱萸味辛苦,功在疏肝止痛;山茱萸味酸涩,功在补肝肾,这两种药的功效完全不同,不能混用。韩泽手足无措地站在那儿,不知如何是好。

张仲景见韩泽意识到了错误,和蔼地拍了拍他的肩膀,安慰道:"好了,记住以后不要再犯这样的错误。中药里面,名称相似的有很多,功效相似的也有很多,一定要注意区分。我们用药是为了救人,如果用药不当,不仅不能救人,还会害人,严重的话还会闹出人命。所以用药一定要谨慎,千万不可疏忽大意,切记,切记!"

随后,张仲景带着韩泽向病人赔礼道歉。

对于每一位弟子,张仲景都是这样严格要求,抓住每一个机会教导他们,通过自己的言传身教,引导他们养成忘我无私的品格和严谨认真的行医作风。

张仲景也非常注重理论与实践的结合，每天行医结束，他就让弟子们整理、阅读当天的病案，然后写出心得，总结经验。对于弟子们写出的东西，他会逐字逐句地批改，为此常常熬到半夜才上床休息。

由于张仲景的精心培养，他的弟子们都成了济世良医，其中以杜操、卫汛最负盛名。卫汛还撰写了《妇人胎藏经》《小儿颅囟方》《四逆三部厥经》等医学著作，总结了自己跟随张仲景行医多年所用的治疗方法以及一些治疗原理、经验，可惜这些书现在都已失传。

循循善诱

中医主张临证用药，因为药物是客观存在的，而病情却是千变万化，因此中医用药讲究灵活多样、对症下药。张仲景既识药，也善用药，经常身体力行地将自己的用药技巧传授给弟子们。

张仲景对麻黄药的运用，就是他临证用药、灵活用药的典型例子。

有一次，张仲景的弟子杜操在一个村子坐诊。他为一个咳嗽病人诊脉时，发现病人胸部胀满，断定是外感风寒、肺气受阻所致，便给病人开了用来平喘发汗的麻黄汤。他很自信地认为病人服药后病情一定能好转，结果却出乎他的意料，病人病得更厉害了。

杜操顿时慌了，连忙去另一个村子里寻找正在为村民看诊的张仲景。张仲景听了杜操的讲述，也很纳闷。他行医一向注重亲自诊断，只听他人口述病人的症状，他是不会轻易作出判断的，因此他立即要求杜操带自己赶往那个病人家中。

当时天色已晚，两个村子又相距几十里山路，杜操不想让年迈的师父连夜赶路，但他也知道师父的脾气，在师父心中，病人比什么都重要，于是只得陪着师父一同赶路。师徒二人紧赶慢赶，终于在半夜时分来到病人家中。病人家属看见张仲景，如同见到救星，又是请坐，又是倒茶。

张仲景心里只记挂着病人，哪有心思喝茶，他简单地和病人家属客套了几句，就立即进屋给病人看病。他发现病人

第六章 化育英才，传承大爱

不断地喘息，用手触摸病人的身体，发现他已经出汗，又仔细地为病人诊了下脉，断定病人是出汗后因身体虚弱而喘息。他给病人开了一服药方，让病人家属按方抓药，煎好后让病人服下。

第二天一大早，村里其他病人听说神医张仲景到了，纷纷来找他看病。张仲景便在村中住了下来，为村民们看诊，正好可以观察那位咳嗽病人服药后的效果。结果到了下午，病人的病情就明显好转了，到了第三天，病人已经能下床活动了。张仲景和杜操都松了一口气，病人家属则对张仲景再三道谢。

一天晚上，张仲景正要上床休息，杜操来到他的房间，问起那个病人的事情。张仲景很满意杜操这种主动学习的态度，耐心地向他解释道："医治病人，先要明确其病情，然后才能准确无误地开药。开药时，还要注意一味药主治什么，可治什么。"

杜操有些不解。张仲景看出了他的疑惑，继续解释道："风寒侵入人的肌肤，人受冷气侵袭会感冒，忽冷忽热，有时感到肺部难受会有轻微的喘息，但是不会出汗，这时用辛味药让病人发汗，可驱散病人肌肤中的寒气。但是，如果风寒深入人体内部，用辛味药让病人发汗，就会导致人体内的热气郁结肺中，病人呼吸困难，就会喘息；而肺中热气蒸腾，又逼迫人体内的津液外泄，病人就会大量出汗。当时你没有看出风寒已侵入病人体内，开了麻黄汤让病人服用，这样非但不能治好病人的病，反而会加重病情。"

"原来如此。"杜操点点头说。

"麻黄汤治疗的是无汗而喘症，麻杏甘石汤治疗的是有汗而喘症，病人体内的热邪之气壅塞滞留肺部，肺失清肃（肺气失去下降和清肃呼吸道的功能），因此治疗重在清宣肺热，而不在发汗解表，所以我为病人开了麻杏甘石汤。病人服用后果然见效，说明我的诊断是正确的。"张仲景详细说明了自己为病人开麻杏甘石汤的原因。

"弟子受教了。师父能否再讲一讲主治与可治是怎么回事？"杜操又问道。

"好吧，这次我一并帮你解惑吧。"张仲景笑了笑，接着说，"一味药的主治和可治，是就它的药理而言的。就拿常见的麻黄来说吧，在一般人看来，麻黄除了用于发汗散寒外，就没有别的用处了，其实这是一种误解。用药不能拘泥于古法，应当灵活多变，我们可以在麻黄中加入其他药物，组成新的药方，让麻黄在治病方面发挥更大的作用。比如：麻黄与杏仁搭配，可以调气平喘；麻黄配合石膏，可以清宣肺热。麻黄不仅可以发汗散寒，还可以平喘散热，这才是麻黄的真正作用。"

"也就是说，麻黄能够发汗散寒，是'主治'；麻黄与其他药物相搭配，能够平喘散热，则是'可治'。师父，是这样吗？"杜操说出自己的理解。

"你说得很好，无论是诊病还是用药，都不可死搬硬套古代医书上的说法，而要灵活运用。"张仲景耐心地引导杜操。

这次谈话令杜操受益匪浅。

第二天晚上，卫汛皱着眉头过来找张仲景，向张仲景提出一个问题："师父，你用麻黄时，会先将麻黄煎一下，祛掉浮沫，这是为何呢？"

"你还记不记得，《素问》中说：'清阳发腠理，浊阴走五脏''阴味出下窍，阳气出上窍'，一种药的气味、清浊，均会影响到它的药力。麻黄的浮沫属于浊物，不利于发散病人体内的热邪之气，祛掉它，麻黄的轻清之气才能上浮，疏散、宣泄肺部的郁结之气，升发阳气。总之，取药物轻清之气，可以上升阳气，下驱浊气。"

张仲景详细解释了麻黄的功效及应用之道，给弟子们上了难忘的一课。

张仲景对于杏仁的精妙应用，更是让弟子们受益无穷。

张仲景所用的麻杏甘石汤药方中含有杏仁一味药。一天，杜操盯着这个药方，思考了好久，怎么也想不明白杏仁的解表功效。他查阅了一些资料，认为杏仁在这个药方中所起的作用应该是平喘。

因为在主治和治则上，不仅要辛温发汗，还要能宣肺平喘。再细加琢磨，他又有了新的看法，对太阳伤寒证来说，喘并不是主证和常见证。他曾听师父说过关于无汗而喘之证，但是，在太阳伤寒证的患者中并没有多少人患喘息这种病，那么，麻黄汤中起平喘之效的是哪味药呢？杜操左思右想，都找不到答案。

几天后，张仲景恰好接诊了一位太阳伤寒证病人，他盼咐杜操给病人开了麻黄汤。趁此机会，杜操向师父说出了心中的不解。

张仲景对杜操的善思好学表示赞许。这个问题是有相当大难度的，杜操能提出这样的问题，足以证明他有了很大的进步。他让杜操坐下来，听他详细地讲解："麻黄味辛，宣肺主升散；杏仁味苦，肃肺主降下。麻杏配伍，一宣一降，主调肺气。肺主皮毛，通卫气，风寒之邪侵袭肺卫而为病。麻黄宣卫开表发汗，必借肺气之宣降出入有常。因此，麻黄汤里用杏仁，有喘则宣降调肺以平喘，无喘则宣降调肺助解表。方剂配伍，讲究的是灵活运用，比如杏仁，除了从本求治，还要考虑整体求治。我们用药切不可过于死板，要灵活变通。"

杜操一边听一边点头，心中豁然开朗。

张仲景见杜操领会了自己的意思，继续为他解惑："医者要根据疾病的具体情况来正确认识药物的效果。我们再来说说杏仁，它并不是表药，为什么能起到解表的作用呢？原因很简单，它与麻黄搭配，调节肺气间这种特定机体状况来发挥作用。在其他情况下，杏仁根本没有解表功效。"

到此，杜操总算明白了杏仁药用的道理。这一味杏仁，一旦用活，可谓奥义无穷。

张仲景在用药方面的灵活与精妙数不胜数，每当遇到一药多用的情况，他总是耐心地教导弟子们，将自己掌握的药理知识详细地解释给他们听。他的循循善诱，深深地影响着弟子们，使他们快速成长起来。

谆谆教诲

张仲景常对弟子们说："中医讲究望、闻、问、切，这些疾病诊断方法是医者通过分析医案，总结临床实践经验得来的。"他教导弟子们，只有勤学苦练，多思善问，才能提高自己的治疗技艺，掌握高超的医术。

桂枝是一种比较常用的中药，张仲景用它创制了桂枝汤，既可发汗解肌（运用解表中药使体内热邪化汗，通过毛孔发散出去的治疗方法），治疗体表疾病，又可通阳利水，治疗体内疾病。

一天，张仲景带着卫汛去一户农家出诊。这户人家非常穷困，买不起药，张仲景很同情这家人，给病人开好药方后，就自行前往山中采药。

张仲景所开的药方中含有桂枝。药采回来后，张仲景让卫汛将桂枝的皮削去。卫汛拿起桂枝开始削皮，削着削着，他心中产生了疑问：以前师父用桂枝煎药并没有削皮，这次为什么要削皮呢？用同一种桂枝为病人治病，师父为什么有时不让削皮，有时又要削皮呢？他百思不得其解，决定找机会向师父问个究竟。

卫汛削完桂枝皮后，张仲景让他将桂枝皮洗净，然后开了个药方，吩咐他按方配药，将药煎好。接着，张仲景开始为病人看病，他先为病人诊了一下脉，略作思考后，点起一盏酒精灯，从药箱中取出一根细针用灯火烧红，然后快速将针刺向病人身上的几处穴位。随后，他又让卫汛端来煎好的汤药，服侍病人服下。病人服下汤药后，精神明显好转，到了下午已能下床活动。

晚上，卫汛捧着一杯热茶来到张仲景房间。卫汛恭敬地将热茶递给师父，张仲景接过茶，随口问道："卫汛，这几天你有什么收获？"

卫汛不好意思地回答："收获倒是有一点，另外弟子还有一个问题想要请教师父。"

"什么问题？说来听听。"张仲景好奇地问。

卫汛回答："师父，这次用桂枝煎药，为什么要将它的皮削去呢？以前你用桂枝为病人治病，并没有削皮啊。"

张仲景一向喜欢弟子们提问，听了卫汛的问题，他赞许地点点头，耐心解释说："桂枝本身属于发汗药，但是去皮、久煎后，它的功效就不同了，其发汗解表功效就被削弱甚至消失。今天那个病人，我用烧针刺激他的穴位令他发汗，病人出汗以后腠理（人体皮肤、肌肉、腑脏表皮间隙和纹理）疏松、张开，于是外寒从针刺处侵入病人体内，病人卫气（人体阳气的一种，性刚悍，源于脾胃，行于脉外）运行不畅，心阳（心的阳气）受损，寒气乘虚侵入病人心胸，因此病人感到憋闷难受。对此，我的治法是用桂枝加桂汤，帮助病人温通心阳，平冲降逆，而将桂枝去皮，是为了不让病人再发汗。"

稍稍停顿了一下，张仲景继续解释道："去皮的桂枝虽然没有了发汗功能，但仍然可以温益心阳、散寒止痛、疏通血脉、降冲定悸。"

卫汛听了茅塞顿开，接过张仲景的话头说道："其他的像桂枝附子汤可以温阳散寒、祛风温经，桃核承气汤可以逐瘀泻热、疏畅血脉，是不是同样的道理？"

张仲景点点头，笑着说："对，你理解得不错。"

在实践中，张仲景还创制了一种名为白虎汤的方剂。起初，张仲景只用石膏、知母、甘草三种药材配成白虎汤，他认为根据三种药材各自的药性、药效，这样搭配应该有不错的疗效，但是在实际运用时，他发现效果不是那么理想。

有一次，张仲景又为患者开了这服药，其中仅石膏一项就开了一斤。但煎药时，张仲景发现石膏太重了，绝大部分都沉淀到了锅底，只有极少量的石膏末悬浮于汤剂上面，能够随汤进入病人胃中，这样根本起不到应有的效果。

生石膏又名"寒水石"，主治中风寒热，具有清热泻火、除烦止渴、平喘消咳、缓解头痛和牙龈肿痛等功效。生石膏只有进入胃里，与胃酸发生反应后才能被肠道吸收，发挥其治病功能。石膏在方药中的作用是无可替代的。但是石膏比一般的药材比重要大很多，而且难溶于水，煎药时很难与其他药材充分融合在一起，这样一来，石膏量少，药力不足，就不能根除疾病。怎样做才能让更多的石膏进入胃中，发挥应有的治疗作用呢？张仲景经过多次试验都未能取得理想的效果，他为此烦恼不已。

有一次，张仲景带着卫汛、杜操两个弟子进山采药，由于在山中待的时间过长，他们吃光了干粮，只得去一座寺庙里向僧人借一些米，用僧人的炉灶烧饭吃。

卫汛、杜操让张仲景休息，他们一个烧火，一个炒菜，米就放在鼎罐里煮着。张仲景见两个弟子忙得团团转，便自请帮着照看鼎罐。

此时天气较热，卫汛、杜操两人的脸上、身上都在不停地流汗。张仲景便走过去帮他俩擦汗，等他再转身回到鼎罐前，却看到鼎罐里的米汤烧沸了，浮起的米汤把鼎罐的木盖都顶了起来。张仲景急忙掀起木盖，只见鼎罐里的米已经熬成了黏稠的汤汁，他拿起汤勺往鼎罐里搅了搅，再拿起汤勺一看，发现汤勺上粘了很多黏稠的汤汁。张仲景愣愣地看着汤勺，头脑中忽然冒出一个想法：如果在白虎汤中加入一些粳米，石膏的沉淀问题是不是就可以解决了呢？

想到这里，张仲景兴奋地喊道："太好了，问题解决了。"

卫汛、杜操都不明白张仲景在说什么，感到丈二和尚摸不着头脑。

张仲景对两个弟子解释道："我终于知道白虎汤该怎么

第六章 化育英才，传承大爱

调整了。之前的药方，石膏太重，一煎熬，它就沉淀，真正入药的极少，现在我知道如何解决石膏沉淀这个问题了。"

卫汛急切地问："师父，怎样解决？您快说来让我们听听。"

"刚才见你们太忙，没有空照看鼎罐，我便在鼎罐旁边看着，正好看到了米汤浮起和米汤成汁的情形。"张仲景似乎答非所问。

"师父，你说这个干什么？快说白虎汤啊！"杜操催促道。

"我的想法正是得益于米汤。"张仲景心情有些激动，"我想，要是在白虎汤中加入一些粳米，让汤药变得黏稠些，生石膏粉末不就难以沉淀，而与其他药材充分混合在一起了吗？这样不就可以提高生石膏的利用率和疗效了吗？"

卫汛和杜操终于明白师父为何激动了，原来是找到了解决石膏沉淀问题的办法。他们也为张仲景感到高兴，而张仲景善于观察，注重从生活细节中总结治疗方法的钻研精神，更是让他们钦佩不已。

一字千金

张仲景晚年时，对脉理和病理的分析更加精深细微，对弟子的要求也更加严格，他将一身医术倾囊相授，希望弟子们都能牢记于心。遇到患者，他总是先让弟子为患者诊断，之后再亲自为患者诊断一遍。弟子诊断得对，他从不吝啬赞扬；诊断错了，他就及时纠正。这样在实践中向弟子们传授治疗技艺，弟子们容易理解，也容易接受。

有一年深秋的一天，张仲景带着两个弟子来到桐柏山，一边采药，一边给附近的百姓治病。有个病人前来问诊，卫汛首先为病人把脉，判断病人脉浮紧（指患者因感受风寒，导致气血运行不畅，脉搏跳动加强的现象），身体发热，浑身疼痛，怕冷，无汗而烦躁。卫汛将自己的诊断结论告诉张仲景，并说可以用青龙汤为病人治疗。

张仲景也为病人切脉诊断，结论和卫汛的一致，便对卫汛说："很好，你诊断得不错，就按你说的治疗吧！"

卫汛见师父肯定了自己的诊断，十分高兴，马上给病人

第六章 化育英才，传承大爱

开方并配了药。病人服药后，病情很快有所缓解。

之后，师徒一行又来到另一个村子。他们刚进村，就有一个村民来请，说他的妻子生病了，请他们到家中诊治。张仲景坐在村口休息，让卫汛先去为病人诊治，他和杜操稍后再去。

卫汛到了病人家中，为病人做了诊断。不一会儿，张仲景和杜操也来了。卫汛将病人的情况向师父述说了一遍，并且表示他还是打算用青龙汤为病人治疗。

听了卫汛的讲述，张仲景上前为病人看诊。经过切脉，他断定病人脉微弱，怕风，有汗，和卫汛说的基本一致，但又有所区别。

卫汛见师父给病人诊断后神色凝重，知道自己的诊断出错了，连忙问："师父，我的诊断哪里不对？"

张仲景没有回答，而是自行给病人开了药方。师徒一行离开病人家后，张仲景语重心长地对弟子们说："我们给病人看病，不仅要细心诊断，还要根据脉理，再结合其他情况进行综合判断，这样才能搞清病人的病因，准确无误地判断病人患的是什么病，然后对症下药，治愈病人。"

卫汛和杜操默默地听着。张仲景又为他们分析前后两个病例的不同:"前面那个病人,脉浮紧,身体发热,畏寒,无汗而烦躁,是表寒里热、表里俱实之证。卫汛为病人开出青龙汤没有错,其中的麻黄、生姜,为辛温药(具有辛辣味和温热性质的中药),可以发汗,驱散表寒;石膏为辛寒药(具有辛辣味和寒凉性质的中药),有清热泻火之功效,可以宣泄里热;大枣和中,以资汗源。这样表里双管齐下,寒散汗出,阳气上升如青龙升天,寒气下降如雨落地,郁热一扫而空。"

"原来如此,难怪师父为它取名为'青龙汤'!"卫汛一边听一边连连点头,并赞叹了一番。

"刚才这个病人,脉微弱,怕风,有汗,与前一个病人的脉证完全不同。青龙汤对'脉浮紧、无汗'的表里俱实之证有很好的疗效,却不适合治疗'脉微弱、有汗'的表里俱虚之证。这是为什么呢?这就得说说青龙汤的成分了。青龙汤里包含了六两麻黄,它的发汗功效比麻黄汤大得多,如果让表里俱虚的病人服用,病人就会大量出汗而损耗阳气,经脉和肌肤得不到阳气的温养,产生手足冰凉、筋肉跳动等症状。所以,我们一定要小心才是。"

卫汛这才意识到自己犯了大错,他羞愧地说:"原来有汗病人与无汗病人的治疗方法差别这么大,弟子今天受教了,以后一定谨记师父的教诲,不再犯同样的错误。"

稍后,卫汛又兴奋地说:"这用不用青龙,完全取决于'有'与'无'二字,真可谓一字千金啊!"

天　花

　　天花是由天花病毒感染引起的一种急性传染病，人类是天花病毒唯一的宿主。

　　天花病毒的潜伏期为 10~14 天，潜伏期过后，患者会突发高烧，接着产生继发性病毒血症，口腔、面部出现斑丘疹，之后斑丘疹逐渐蔓延至体表、四肢，并演变成水疱、脓疱，然后结痂、留疤，一部分患者会因凝血障碍、多器官衰竭而死亡。天花患者可有多种并发症，如皮肤继发细菌感染、角膜炎和角膜溃疡导致失明、病毒性关节炎和骨髓炎、细菌性肺炎、睾丸炎、脑炎等。

天花传染性极强，可通过接触患者的表皮病变部位、衣物、床上用品等传播，还可通过患者呼吸、咳嗽、打喷嚏等产生的飞沫传播，另外在狭小、密闭的空间中可通过空气传播。总体来说，天花致死率很高，出血性天花患者死亡率高达97%，大天花患者死亡率约30%，只有小天花患者死亡率较低，约为1%。患天花侥幸不死的人，身体也会留下后遗症，比如眼睛失明、耳朵变聋、嗓子变哑，甚至会全身瘫痪，而更多的人脸上、身上会留下许多像麻子一样的小凹洞。

天花大约出现于三四千年前，在亚洲、欧洲、非洲、美洲都曾大规模流行，造成大量人口死亡，给人类带来深重的灾难。直到18世纪70年代，英国医生爱德华·詹纳发现了天花疫苗牛痘，天花才得到了控制，但是此后天花仍然在许多国家流行，天花患者的死亡率仍高达1/3。

为了彻底战胜天花，各国的医学工作者和医学组织积极研究开发更为有效的天花疫苗，广泛开展疫苗接种活动，最终取得了成效。1979年10月25日，联合国世界卫生组织正式宣布全世界已经消灭了天花病,这一天被定为"人类天花灭绝日"。

《素问》

《素问》又名《黄帝内经·素问》,与《黄帝内经·灵枢》为姊妹篇,两书合二为一即为《黄帝内经》。书中内容非一时一人所作,主要为先秦、战国、西汉等不同时期的医学作品的汇编。

全书共 24 卷 81 篇,其中第一、二卷论述养生和阴阳五行学说,第三卷论述脏象,第四卷论述治疗方法,第五、六卷论述诊断方法,第七、八卷论述疾病机理,第九至十三卷论述疾病,第十四至十八卷论述腧穴和针道,第二十三、二十四卷论述治疗原则与医德。

全书内容广博精深,理论体系完整,对人体生理活动、病理变化以及疾病的诊断、治疗进行了较全面系统的论述,为中医理论之渊薮,千百年来一直对中医临床实践起着重要的指导作用。历代医家都非常重视该书,将它列为中国医学的重要经典著作之一。

第七章

隐居少室,著书惠世

建安十三年（208年），曹操杀死神医华佗，又想请张仲景做自己的私人医生。张仲景心怀天下苍生，不愿为权贵人物所用，带着弟子隐居少室山。隐居期间，他结合自己多年积累的临床经验，潜心著述，最终写出了中医药巨著《伤寒杂病论》，为祖国的医学宝库留下了一笔弥足珍贵的遗产。

战胜伤寒病

张仲景生活的年代,瘟疫频发。每次瘟疫过后,不论是城市还是乡村,常常是十室九空,死尸遍地,就连牲畜也差不多死光了。瘟疫给国家和百姓带来了深重的灾难,人们谈瘟色变,很多人选择背井离乡,迁到离瘟疫暴发地很远的地方居住,唯恐被"瘟神"缠上,性命不保。

目睹周边凄惨的景象,张仲景决心跟"瘟神"斗一斗,研究出治疗瘟疫的方法,拯救苍生于水火之中。他四处游历,详细观察各地瘟疫病人的发病过程和症状。经过一段时间的观察、研究,他发现历次暴发的瘟疫大部分是由传染性极强的伤寒病引起的。于是,他仔细研读医学古籍,希望从中找出治疗伤寒病的良方。在阅读中医典籍《素问》时,张仲景发现里面有"夫热病者,皆伤寒之类也""人之伤于寒也,则为病热。热虽甚不死,其两感于寒而病者,必不免于死"

的说法，由此他想，只要能搞清楚伤寒病的发病机理、证候，就能找出治疗伤寒病的方法。

从此，张仲景对伤寒病进行了长达几十年的孜孜不倦的研究。他亲自接诊伤寒病人，记录病人的病情变化，试验各种方剂。他还广泛收集古人遗留下来的医案，对于其中涉及伤寒病的记录，反复阅读，细心地加以研究、分析，然后进行思考、推敲，努力探索治疗伤寒病人的良方。

白天，张仲景到处救治病人；夜晚，他则在昏黄的烛光下埋头研读中医古籍，翻阅白天的行医记录，总结临床经验。为此他常常忘记了吃饭和睡觉的时间，累得脸色苍白，神色憔悴。家人劝他爱惜自己的身体，他却摇着头说："我不能停下来，还有那么多病人等着我去救治呢。"

在瘟疫中，张仲景看到的不仅是身边的亲人所蒙受的苦难，更是整个国家的百姓所遭受的苦难。他感到自己肩上的担子有千斤重，每每想到自己还没有研究出有效的治疗伤寒病的方法，伤寒病人仍饱受病痛的折磨，他的心就被焦灼和内疚所包围。

但是，张仲景没有被面前的困难打倒，他没有退缩，更

第七章 隐居少室，著书惠世

没有放弃对伤寒病的研究。在茫茫暗夜中，他始终心怀拯救苍生的崇高理想，一如既往地探索治疗伤寒病的良方。他时常激励自己："我一定能找出治疗之法，一定能打败伤寒这个'瘟神'，不能让老百姓白白死去！"

皇天不负有心人，张仲景的探索、钻研终于有了成效。

一天，张仲景再次深入疫区，为患者诊治。在一个村子里，他看到一位老大娘正伏在一个年轻男子身上号啕大哭，旁边站着很多村民，一个个面带愁容，唉声叹气。张仲景快步走上前去，询问后得知躺在地上的年轻男子患了疫疾，已经奄奄一息了。

张仲景仔细给年轻男子检查，发现他全身发热，手心有汗，腹部坚硬……他判断年轻男子患的是伤寒病，立即拿出自制的五苓散、理中丸等方药，让旁边的几名村民拿去煎好，然后喂年轻男子服下。过了几天，年轻男子竟然痊愈了。

有了这次治疗经验，张仲景对战胜伤寒病更有信心了。他继续勤奋探索，四处奔波，为百姓治病。有好几次，他被病人传染，身体一度非常虚弱。但是为了拯救更多的生命，他毫无怨言，一心一意地为百姓们治病。内心的大爱促使他一次次战胜困难，获得了战胜伤寒病的勇气和力量。

最终，张仲景结合自己丰富的临床经验，研究出了专门用于治疗伤寒病的药方，并提出了"六经论伤寒"的新见解。他将每年都会发作的许多热性病，按照不同发病时期的不同症状以及治疗的不同反应和效果，分成辨太阳病、辨阳明病、辨少阳病、辨太阴病、辨少阴病、辨厥阴病六个类型，然后对症下药，脉证并治。

研究出治愈伤寒的药方后，张仲景并没有藏着掖着，而是联合更多的医者，在全国范围内推广他的药方，使很多感染伤寒的病人得到了及时的治疗，伤寒病人的病死率逐渐降低。

张仲景不辞劳苦，研制伤寒药方的事迹在社会上广泛流传开来，全国老百姓都对他感恩戴德，称赞他为"救命菩萨""当世神医"。

张仲景没有因为自己受到人们的一致褒奖而沾沾自喜，依然保持着救死扶伤的初心，哪里有瘟疫发生，他就在第一时间赶去救治百姓。即使已经年过花甲，他依然奔波在抗疫第一线，为拯救百姓的生命付出了无数的汗水、心血。

华佗之死

东汉建安十三年（208年），张仲景听到了一个噩耗——与他同时代的另一位医术高超、医德高尚的神医华佗，被曹操杀害了。

张仲景一向钦佩华佗，得知华佗遇害的消息，他流着泪对弟子们说："华佗先生是我们所有医者的楷模，他医术精湛，却死得这么悲惨，实在令人痛心！他一心为民治病，誓不与奸佞权贵同流合污的精神，令人敬佩！"

华佗是沛国谯县（今安徽省亳州市）人，和张仲景一样，他也厌恶官场，一心向医。为了钻研医术，他年轻时曾外出游学，学成后四处行医，足迹遍及安徽、河南、山东、江苏等地，治愈了很多疑难怪病。华佗是个医学多面手，精通内科、外科、妇科、儿科、针灸各科，尤其擅长外科，精通外科手术，被后人称为"外科圣手""外科鼻祖"。

张仲景久仰华佗大名，为其精湛的外科手术技能所折服，曾派弟子杜操带上自己的一卷手稿，去拜华佗为师，向他学习外科医技。

杜操刚到谯地，就发现有许多老人在做一种奇怪的体操。等到老人们停下来后，他走上前向一位老人求教："请问你们做的是什么操？"

"我们做的是'五禽戏'，是华佗先生教授的。"老人答道。

杜操从老人们口中得知，他们练的这种名叫"五禽戏"的体操，是华佗模仿虎、鹿、猿、熊、鸟五种动物的姿态而编创的体操。经常练习这套体操，可以强身健体，延年益寿。

第二天，太阳刚从地平线上升起，杜操就来到了华佗家。可事不凑巧，华佗外出采药去了。杜操只得坐在华佗家门口等着，一直等到晚上，华佗才回来。

杜操向华佗深施一礼，并向华佗作了自我介绍。华佗得知杜操是南阳张仲景的弟子，很是高兴，对杜操说："我早就听说张仲景医术高超，还当过长沙太守，一心为民，仰慕已久，却始终未能谋面，深感遗憾。今天能见到他的弟子，也算是弥补了我的遗憾了。"

"师父对先生也是敬仰已久，晚辈今天来，就是受师父

第七章 隐居少室，著书惠世

之命前来拜师的，希望能从先生这里习得外科医术，不知先生是否愿意指教？"杜操再次向华佗深施一礼，继续说道，"师父近期写了一些手稿，特地让晚辈誊抄了一份，让我带给先生，请先生斧正。"说着，杜操将手稿递给华佗。

华佗接过手稿，好奇地展开阅读，马上被手稿中的内容所吸引，根本顾不上身边还有一位客人。他一边阅读，一边忍不住感叹："妙，妙，写得太妙了。这手稿要是刊行于世，绝对是医者的福气，患者的福音！"

杜操跟着华佗学习了4个月。华佗教给了杜操许多外科技艺，还将自己独创的麻醉秘方——麻沸散传给了杜操，以回报张仲景赠他医学手稿的情谊。

转眼间过去了一年，没想到华佗竟然死于非命，惨遭曹操杀害。

原来，曹操患有偏头痛病，每次发作，他都头痛欲裂，心情烦躁，痛苦不已。曹操请了无数名医为自己治疗，但都没有什么效果。后来听说华佗的大名后，曹操立刻派人将华佗请来。华佗只是在曹操的膈俞穴上扎了一针，便立即止住了他的偏头痛。曹操喜不自胜，想把华佗留在身边，专为他一人看病。但华佗更愿意在民间为百姓服务，不愿做曹操的专职医师，于是以回家探亲为由离开了曹操，在家乡一心一意为百姓治病。曹操几次三番派人催促他回来，他都找各种借口推辞。曹操恼羞成怒，就派人把华佗抓回去杀害了。

曹操杀害华佗没多久，偏头痛的毛病又犯了。他再次遍寻名医为他医治，却毫无成效。襄阳太守得知消息，为了巴结取悦曹操，就向曹操推荐了张仲景，曹操于是派人来请张仲景。

华佗的无辜被害，使张仲景对曹操这类当权者深恶痛绝，他发誓决不为这些当权者服务。张仲景又想到《伤寒杂病论》尚未完成，各地仍不断传来疫疾吞噬百姓生命的惨讯，自己还有更重要的事情要做，于是就带着弟子卫汛，直奔少室山（今河南省登封县境内）隐居起来。

隐居山林

张仲景师徒来到少室山时，正值深秋时节。山中云雾缭绕，秋风习习，鸟雀欢唱，溪水淙淙，各种各样的树上挂满

第七章 隐居少室，著书惠世

了五颜六色的果实，风景如画，美不胜收。

张仲景感到如同进入一处世外桃源，满身的疲惫顿时烟消云散。遥望山中美景，他感慨地说道："世间万物的生长都有着内在的规律。就拿树木来说，如果它们生长在阳光充足、土地肥沃的地方，就会枝繁叶茂；如果生长在背阴少阳、土地贫瘠的地方，就会难以生存下去。只有那些生命力极强的树木，才能在穷山恶水间傲然挺立。对于人来说，又何尝不是如此呢！"

卫汛点点头说："师父说得太对了，您不正是这样吗？不慕荣华，不图名利，心里装着天下百姓，时刻想着要为病人解除痛苦。师父您就是那些病人的大救星啊！"言语间充满了对张仲景的仰慕与崇敬。

师徒二人在半山腰搭建了两间茅屋，算是安下了家。他们在山脚开凿了一口井，在茅屋前开垦了一块土地，种上粮食和蔬菜，又在小院里养了家禽和一只狗，宁静祥和的日子就此开始。生活虽然简简单单，但是他们自觉恬适自在，乐在其中。

一天晚上，张仲景和卫汛一起讨论医学方面的问题。谈着谈着，卫汛突然说："当今乱世，太多庸医只知求名图利，眼里根本没有百姓。他们故步自封，不思变革，根本对付不了可怕的瘟疫。也有一些有头脑的医者想提高自己的医术，希望为百姓做点什么，遗憾的是，他们不知道从何入手，心有余而力不足。弟子认为，师父您可以将以往的治疗经验和心得体会写出来，为那些心怀黎民百姓的医者提供宝贵的学习材料。这样以后若再有瘟疫蔓延，他们便有据可依，可以尽快救治百姓，百姓们也就得救了。"

卫汛的话让张仲景陷入沉思，往年瘟疫肆虐、百姓受害的情景又浮现在他的脑海中，疫区病人的痛哭声、呻吟声又在他的耳旁萦绕……

"是啊，我早就想这样做了。如今隐居在这平静的山林中，有了更多的空闲时间，也该静下心来专心做这件事了。"张仲景像是在对自己说，又像是在回答卫汛的建议，"对，就这样办！"

此后，张仲景过着简单、清贫的生活，他带着弟子一边为附近百姓治病，一边收集更多的资料，开始撰写自己酝酿已久的著作。白天，他四处奔忙，救治百姓，不辞辛苦；夜晚，他点起蜡烛，伏在案边，奋笔疾书……这样的日子，一过就是好几年。

第七章 隐居少室，著书惠世

有时，张仲景也会抽空用药草炼制一些药丸，赠送给山下的百姓们作为备用药品，以便生病时能及时用药。

有一天，张仲景和卫汛一起进山采药，途中，卫汛突然看到草地上有一行血迹，而且背阴处的血迹还是湿的。

"师父，应该是有人遭到了野兽的袭击。"卫汛推测说。

"赶紧找一找，看看人在哪里，还有没有救。"张仲景焦急地说道。

二人循着地上的血迹一路找过去，果然发现不远处的草丛中躺着一名年轻男子。他们走到近前一看，见男子身上有多处刀伤，左小腿处一条约6寸（20厘米）长的伤口正不断地往外冒血，伤势十分严重。

张仲景蹲下身子，探了探男子的鼻息，发现尚有一丝微弱的气息。张仲景马上吩咐卫汛给男子包扎伤口，自己则从药箱中取出银针，快速刺向男子身上的几处穴位。男子受到刺激，睁开双眼，猛地坐了起来，只是还没来得及说话又昏了过去。张仲景又给男子喂了一颗药丸，不一会儿，男子终于醒转过来。

男子得知是眼前二人救了自己，赶紧起身拜谢。经过仔细询问，张仲景知道了男子受伤的经过。原来，男子名叫陈风，是山下李村的村民。昨天夜里，官兵突然到村里来抓壮丁，陈风和村里的其他青壮男子都被抓走了。在押解途中，陈风夺路逃跑，被一名官兵砍伤，他拾起路边的一块石头，狠狠地砸向那名官兵，官兵应声倒地，他乘机逃进山里，因伤势严重，最终晕倒在草丛中。幸亏遇到了张仲景师徒，否则他的性命就不保了。

张仲景对陈风的遭遇深表同情，让卫汛将他背进山中的茅屋里，亲自为他清洗伤口、煎药。张仲景安慰陈风："这里很安全，你就安心在这儿养伤吧。"

过了两个月，陈风的伤口基本愈合了，他不好意思再麻烦张仲景师徒，便向他们辞行。临别时，张仲景叮嘱陈风："你回村看看也好，如果村子里不安全，你就再回来。"陈风向张仲景师徒再次表示感谢，说以后会经常来看望他们。后来，陈风经常到山中探望张仲景师徒二人，有时会带些粮食蔬菜过来，并顺便向他们讲述一下山下的情况。

一天，陈风又过来看望张仲景师徒，但说话时吞吞吐吐，几次欲言又止，而且脸上露出焦急之色。张仲景见状，主动问道："你怎么了，遇到什么难事了吗？有什么困难尽管说，说不定我能帮上忙呢！"

第七章 隐居少室，著书惠世

陈风见张仲景主动相问，便以实情相告："我的一个邻居病得很重，请了好几个郎中来看诊，郎中开了很多药，可是他吃药后病情一直不见好转。他已经年逾花甲，本来身体就很瘦弱，如今又被病痛折磨得痛苦不堪，真是太可怜了。我本想请先生过去帮他看看，又想先生隐居在此，从不出山……"陈风有些手足无措，不好意思再说下去。

张仲景听了，连忙对陈风说："人命关天，救人要紧，我让卫汛立刻随你前去救治老人。"说完，张仲景吩咐卫汛带着药箱立即跟陈风下山，到村中给老人诊治。

卫汛跟随陈风来到老人家中，给老人诊了脉，然后对老人的家人说："老人家患的是'疫痫热厥'，因为之前的郎中诊断有误，开错了药，致使病情加重。"

卫汛为老人开了芍药汤、白头翁汤两服汤药，让老人的家人煎好，服侍老人喝下。老人连续服了两天汤药后，病情就好转了。为了防止村中疫疾流行，张仲景又配制了一些"辟疫散"，让卫汛带下山去交给陈风，请他转发给村民们服用。

陈风没有向村民们透露张仲景师徒的真实身份，只是对村民们说自己发放的药是居住在山上的仙翁赐予的。村民们一直敬畏崇仰少室山,将它奉为神山,听了陈风的说法也信以为真,时常对着少室山跪拜祈祷,拜谢仙翁赐予灵丹妙药之恩。

巨著初成

不知不觉,张仲景师徒在少室山中已生活了两年多的时间。这两年多来,张仲景认真钻研医学古籍,反复研究各类病案,仔细总结自己行医的经验,潜心著述,字斟句酌,终于在建安十五年(210年)写成了《伤寒杂病论》。

张仲景为自己的著作写了一篇长长的序言,其中有这样一段:

感往昔之沦丧,伤横夭之莫救。乃勤求古训,博采众方,撰用《素问》《九卷》《八十一难》《阴阳大论》《胎胪药录》,并平脉辨证,为《伤寒杂病论》,合十六卷。虽未能尽愈诸病,庶可以见病知源。若能寻余所集,思过半矣。

第七章 隐居少室，著书惠世

大概意思是：他年少时目睹众多亲人死于病魔之手，却无能为力，于是决心从医，勤奋钻研古代医学典籍，广泛搜集各家秘方，从《素问》《九卷》《八十一难》等医学古籍中吸取精华，并结合自己的临床经验，编写成《伤寒杂病论》16卷。书中虽然未能说明所有医治疾病的方法，但是对一些基本的疾病治疗方法，里面都有论述。如果能运用我撰写的这本书中的有关内容，那么大部分伤寒病的问题就能解决了。

《伤寒杂病论》共16卷，其中10卷论伤寒，6卷论杂病，是秦汉以来医药理论集大成之作，对公元3世纪以前中国的医药理论、疾病治疗方法、方剂炮制等作了详尽系统的阐述。

《伤寒杂病论》对中医学的最大贡献，在于它提出并确立了中医辨证论治的基本原则。在书中，张仲景根据疾病发生、发展过程中所出现的各种症状，寒邪入侵经络、脏腑的深浅程度，疾病的发展趋势，以及病人的体质强弱、生理变化、有无宿疾（其他旧病）等情况，创造性地把外感热病的所有症状归纳为六个证候群和八个辨证纲领，据此提出了"六经论治"和"八纲辨证"治疗总则。

所谓"六经",是指三阳经(太阳经、少阳经、阳明经)和三阴经(太阴经、少阴经、厥阴经)。所谓"八纲",是指阴、阳、表、里、寒、热、虚、实。张仲景以六经来分析、归纳疾病在发展过程中的演变和转归,以八纲来辨别疾病的属性、发病部位、症状、邪正消长状况。由于确立了分析病情、认识证候及临床治疗的法度,辨证论治不仅为诊疗一切外感热病提出了纲领性的法则,同时也为中医临床各科找出了诊疗的规律,成为指导后世医家临床实践的基本准绳。《伤寒杂病论》除了介绍各种病症的典型特点外,还提到了一些非典型的症情、选方用药法则,使医家能够执简驭繁,应付各类复杂的证候。

《伤寒杂病论》主张辨证论治要遵守原则,但遇到一些特殊情况时也要灵活变通。比如,如果患者脉、证不符,那么就要在望、闻、问、切四诊并用的基础上,认真分析病情,排除疾病假象,发掘症状本质,再使用正确的治疗方法,或舍脉从证,或舍证从脉。脉、证取舍的关键是从"虚"字着眼、"实"字入手,证实脉虚从脉,证虚脉实从证。这就为医者理清临床上乱麻一般的复杂症情,提供了可遵循的纲要性条例。

方剂丰富、剂型多样，也是《伤寒杂病论》的一大特色。全书共收药方200余个，这些方剂配伍严密而精妙，其变化之妙、疗效之佳，令人叹为观止。书中所载剂型，计有丸剂、汤剂、散剂、洗剂、浴剂、熏剂、膏剂、酒剂、滴耳剂、吹鼻剂、灌鼻剂、灌肠剂、阴道栓剂、肛门栓剂等，对各种剂型的制法、煎法、服法也作了详细的说明。《伤寒杂病论》收录的方剂基本包括了现代临床各科所应用的常用方剂，其药物配伍及加减变化的原则一直为后世医家所遵循，对于后世方剂学的发展产生了深远的影响。《伤寒杂病论》也因此被人们称为"方书之祖"，书中所列的方剂被称为"经方"。

除了论述针刺、灸烙、温熨、膏敷、药摩、浸足、吹耳等经典治疗方法外，《伤寒杂病论》还着重讲述了溺水、自缢、食物中毒等急救方法，这些解救方法均为张仲景首创，一直沿用至今。

《伤寒杂病论》集各种外感热病和众多疑难杂症治疗方法于一书，融理、法、方、药为一炉，开创了辨证论治的先河，为中医药的发展奠定了坚实的基础，是中医药发展史上一部具有划时代意义的经典著作，与《黄帝内经》《神农本草经》《难经》并称为"中医四大经典著作"。《伤寒杂病论》奠定了张仲景在中医史上的重要地位,后人称他为"开创之圣,医道之宗"。

《伤寒杂病论》之所以能流传千年而不朽,不仅因为它集经典的医疗配方、精深的医疗思想于一书,还因为其序言中有这么一句经典之语:"上以疗君亲之疾,下以救贫贱之厄。"简单地说,就是患者没有等级贵贱之分,医者应当对患者一视同仁,全心全意为其治病,绝不区别对待。这种行医观念在当时是十分难能可贵的。

由于战乱频繁及印刷条件所限,《伤寒杂病论》在流传、传播中多有散失。西晋的王叔和历尽千辛万苦从民间搜集了十来卷《伤寒杂病论》,编成《伤寒论》一书。宋代的王洙、林亿等人,以翰林院藏书库中的《伤寒杂病论》简略本为蓝本,综合各家医书中关于张仲景治疗杂病的方法,编成《金匮要略方论》一书。留传后世的《伤寒杂病论》就包含了《伤寒论》和《金匮要略方论》这两本书。

除《伤寒杂病论》外,在卫汛的帮助下,张仲景还著有《辨伤寒》十卷,《疗妇人方》两卷,《评病药方》一卷,《五藏论》一卷,《口齿论》一卷,可惜这些书都已失传,

第七章 隐居少室,著书惠世

未能留传后世。

《伤寒杂病论》写成了,张仲景多年来埋藏心中的愿望也实现了。他如释重负,长叹一声,喃喃道:"无论什么时代,谁都免不了要生病,病魔不会因为你是皇室贵胄就绕着你走,也不会因为你一贫如洗就怜悯你。当下和未来,无论是风云一时之豪杰,还是躬耕陇亩之百姓,病魔不曾怜惜过任何人。一种高效的医术的诞生是用无数人的生命换来的,这与一将功成万骨枯是同样的道理啊!"

张仲景说着,不禁泪流满面:"生活在这样的乱世之中,生离死别是常有之事。而我也只能略尽自己的绵薄之力,让世间的人们少一些病痛,多一些康健!"

说罢,张仲景走到窗前,极目远眺……

神医辞世

东汉建安二十三年(218年)深秋,一个凉爽的傍晚,张仲景叮嘱卫汛在茅屋里整理书稿,然后独自一人出门去了。

卫汛整理完书稿,就忙着去做晚饭,可饭做好了,仍不见师父归来。这时月亮已经爬上了树梢，卫汛心中升起一种不祥之感，赶忙出门到草庐四周寻找，可是始终不见师父的踪影。他加快脚步，边走边喊："师父……师父……"喊声在空旷的少室山上久久回荡着。

卫汛喊得嗓子都哑了，也没听到师父的回应。他忽然想起这段时间师父的言行有些反常：以前很健谈的师父变得少言寡语，时常念叨着故乡南阳，还时不时地独自一人登上山上的一个小山包，朝南阳方向眺望，一望就是好半天……

想到这里，卫汛急忙朝那个小山包跑去，果然看到张仲景仰面倚靠在一棵树上，一动不动，好像睡着了，花白的须发被晚风吹得凌乱不堪……卫汛小心翼翼地将师父背回茅屋，为他针灸、按摩、喂汤药。终于，张仲景醒了过来，只是已经不能说话了。

东汉建安二十四年（219年）冬至，少室山上寒风呼啸，大雪纷飞，狂风裹挟着大雪漫天飞舞，似乎要卷走这人世间的一切不公；松涛阵阵，似乎在诉说着百姓们所承受的无穷无尽的苦难……

茅屋内，张仲景静静地躺在床上，面容安详，双眼紧闭，身上盖着破旧的被子。卫汛伏在床边，失声痛哭。一代名医

第七章 隐居少室，著书惠世

张仲景的心脏永远地停止了跳动。在隐居山林10年之后，在留下《伤寒杂病论》的手稿之后，张仲景客死他乡，死在了少室山上简陋的茅屋里，死在了寒风刺骨、大雪纷飞的冬天。遗憾的是，张仲景没有等到他的著作《伤寒杂病论》印行于世，没能回到他日思夜想的故乡南阳，甚至没给弟子留下只言片语。

在短短几十年中，张仲景给世人留下了极其珍贵的财富，比如六味地黄丸、麻黄汤、桂枝汤、白虎汤、青龙汤、麻杏石甘汤等著名方剂，人工灌肠术、人工呼吸术等治疗方法，辨证论治治疗模式，医学名著《伤寒杂病论》，等等。其中，《伤寒杂病论》更是被历代医生尊奉为金科玉律，时至今日仍然是中医学院学生的必读书籍之一。

对于张仲景及其著作，历代医学名家都尊崇不已，西晋针灸学家皇甫谧说："仲景遗论甚精，皆可施用。"南朝医药学家陶弘景说："惟张仲景方一部，最为众方之祖。"唐代名医孙思邈说："江南诸师秘仲景要方不传，可见其医方之宝贵耶。"清代医学家张志聪说："不明四书者不可以为儒，不明本论（《伤寒杂病论》）者不可以为医。"

热爱百姓、心怀百姓，一心为百姓治病的人，百姓们是不会忘记他的。张仲景去世后,各地百姓纷纷为他举行悼念活动,并为他立碑建祠,以纪念这位胸怀大爱、宅心仁厚、功绩卓越的大医。如今,在南阳、长沙等地均建有仲景墓、仲景祠。在南阳市城东温凉河畔,矗立着气势宏伟、巍峨壮观的医圣祠,张仲景墓就位于医圣祠内;张仲景故里张寨村也建有张仲景纪念碑、纪念塔、医圣宫,这些都反映了后世的人们对张仲景的怀念与敬仰。

  张仲景高尚的医德和他在医学上所作出的伟大贡献,使他在中国医学史上占有特殊的地位,奠定了他无可替代的"医中之圣"的崇高地位。他不辞辛苦、呕心沥血救治百姓的事迹,将和他的名字一起永载史册,受到一代又一代人的传颂!

第七章 隐居少室,著书惠世

陶弘景

陶弘景(456年—536年),丹阳秣陵(今江苏省南京市)人,南朝著名医药学家、炼丹家。

陶弘景出身士族,自幼聪颖,四五岁就能读书写字,17岁时以才学闻名远近。他一生经历复杂,横跨宋、齐、梁三代,曾在北齐朝廷做官。永明十年(492年)他辞去官职,隐居于句容句曲山(今江苏省茅山),潜心著书立说,并开创道教茅山宗。

陶弘景对当时所有的本草著作进行了系统的整理，结合自己研究医学的心得体会，编成七卷本《本草经集注》，收录药物730种。他从实际出发，勇于创新，打破原来本草书中使用的三品药物分类法，以玉石、草木、虫兽、果、菜、米食等对药物进行分类，开创了一种全新、方便、实用的药物分类法，成为我国本草学发展史上的一个里程碑。

陶弘景对医药、炼丹、天文历算、地理、兵学、铸剑、经学、文学、艺术、道教等都有深入的研究，一生著述丰富，著作达七八十种之多。

孙思邈

孙思邈，京兆华原（今陕西铜川市耀州区）人，唐代著名医学家。

孙思邈自幼体弱多病，备受疾病折磨，于是立志学医，为百姓治病，20岁时在当地已经小有名气。隋开皇元年（581年），孙思邈隐居太白山中，钻研医学著作，采集草药，同时广泛收集民间流传的药方，热心为人治病。

第七章 隐居少室，著书惠世

孙思邈精通内科，擅长外科、妇科、儿科、五官科，发明了许多疗效显著的药方，总结出了很多新的疾病治疗方法，比如，用动物的肝脏治疗夜盲症，用羊的甲状腺治疗甲状腺肿大，用牛乳、谷皮等食物防治脚气病；用砷剂（雄黄等）治疗疟疾，第一个发明导尿术。

孙思邈结合自己数十年的临床实践，编著成《备急千金要方》和《千金翼方》。《备急千金要方》内容丰富，收集了从张仲景时代直至孙思邈时代的医学临床实践经验和方剂成就，是中国最早的医学百科全书。《千金翼方》是对《千金要方》的全面补充，收载了800多种药物，介绍了相关药物的采集和炮制等相关知识。

孙思邈不仅医术精湛，而且医德高尚，对待病人不分贫富贵贱、男女老幼、怨亲友仇，都平等相待、一视同仁，无论风雨寒暑、饥渴疲劳，他都求之必应，深受人们的崇敬和赞扬，后人尊称他为"药王"。

张仲景生平简表

- 汉桓帝和平元年（150年），出生于南阳郡涅阳县。

- 汉桓帝延熹四年（161年），拜同郡名医张伯祖为师。

- 汉献帝初平元年（190年），跟随家人来到荆州，投奔刘表。

- 汉献帝建安七年（202年），被举孝廉，不久被封为长沙太守。

- 汉献帝建安十年（205年），愤然辞官，回到家乡南阳行医。

- 汉献帝建安十三年（208年），在华佗被害后，隐居于少室山。

- 汉献帝建安十五年（210年），完成《伤寒杂病论》手稿。

- 汉献帝建安二十四年（219年），在少室山病逝。